José E. Moral García
Emilio J. Martínez López
Alberto Grao Cruces

MOTIVACIONES PARA LA PRÁCTICA DE ACTIVIDAD FÍSICA EN ADOLESCENTES

Título:	MOTIVACIONES PARA LA PRÁCTICA DE ACTIVIDAD FÍSICA EN ADOLESCENTES
Autores:	José E. Moral García; Emilio J. Martínez López; Alberto Grao Cruces
Editorial:	WANCEULEN EDITORIAL DEPORTIVA, S.L. C/ Cristo del Desamparo y Abandono, 56 41006 SEVILLA Tlfs.: 954656661 www.wanceulen.com infoeditorial@wanceulen.com
ISBN:	978-84-9993-254-5
Dep. Legal:	SE1033-2014
©Copyright:	WANCEULEN EDITORIAL DEPORTIVA, S.L.
Primera Edición:	Año 2014
Impreso en España:	Publidisa

Reservados todos los derechos. Queda prohibido reproducir, almacenar en sistemas de recuperación de la información y transmitir parte alguna de esta publicación, cualquiera que sea el medio empleado (electrónico, mecánico, fotocopia, impresión, grabación, etc.), sin el permiso de los titulares de los derechos de propiedad intelectual. Cualquier forma de reproducción, distribución, comunicación pública o transformación de esta obra solo puede ser realizada con la autorización de sus titulares, salvo excepción prevista por la ley. Diríjase a CEDRO (Centro Español de Derechos Reprográficos, www.cedro.org) si necesita fotocopiar o escanear algún fragmento de esta obra.

ÍNDICE

Introducción 11
1. La actividad físca en la adolescencia 14
   1.1. Concepto de actividad física 14
   1.2. La actividad física y su relación con hábitos de vida saludable 15
   1.3. Beneficios de la actividad física en niños y adolescentes 16
   1.4. Factores propios de la actividad física 21
   1.5. Recomendaciones de actividad física saludable en niños 22
   1.6. Evaluación de la actividad física 24
   1.7. Factores sociodemográficos y su vinculación con la actividad física 26
   1.8. Determinantes de la actividad física 29
   1.9. Variables personales, sociales y ambientales relacionadas con la actividad física 32
   1.10. Influencia de la familia en la práctica de actividad física 33
   1.11. Influencia de los amigos en la práctica de actividad física 34
   1.12. Barreras en la práctica de actividad física 35
2. Motivaciones hacia la práctica de la actividad física 38
   2.1. Diferentes teorías sobre la motivación en el deporte y la actividad física 38
   2.2. Teoría de las metas y su relación con la práctica de actividad física 41
   2.3. Influencia de los otros significativos en la práctica de actividad física 44
   2.4. Estados de cambio en las conductas enfocadas hacia la actividad física 46
   2.5. Barreras que obstaculizan la motivación y/o práctica de actividad física 48
   2.6. Interés social por el deporte 49
   2.7. Motivaciones hacia la práctica de actividad física. Enfoque global 51

2.8. Motivaciones para el inicio y/o mantenimiento de la práctica de actividad físico-deportiva 55

Estudio sobre las motivaciones de los adolescentes hacia la práctica de actividad física 58

1. Diseño 58
2. Objetivos 59
3. Participantes 60
4. Instrumentos 67
    4.1. Cuestionario sobre la actividad física semanal. A physical activity screening measure for use with adolescents in primare care (Prochaska, Sallis y Long, 2001) 68
    4.2. Escala de Medida de los Motivos para la Actividad Física-Revisada en españoles: diferencias por motivos de participación (Moreno, Cervelló y Martínez, 2007) 68
    4.3. Cuestionario sobre la salud y bienestar. Questionnaire of health and well-being (Torsheim, Välimaa y Danielson, 2004) 70
    4.4. Cuestionario sobre la imagen corporal. Questionnaire about body image and weight control (Mulvihill, Németh y Vereecken, 2004) 71
5. Procedimiento 72
6. Análisis estadístico y variables dependientes e independientes 74

Resultados relacionados con el nivel de práctica de actividad física 78

1. Actividad física 78
    1.1. Grado de práctica de actividad física durante al menos 60 minutos diarios en los últimos 7 días 78
    1.2. Grado de práctica de actividad física durante al menos 60 minutos diarios en una semana cualquiera 85
2. Análisis de las conductas relacionadas con la práctica de actividad física en la adolescencia desde diferentes perspectivas. 92
    2.1. Práctica de actividad física en función del sexo 93
    2.2. Hábitos sedentarios en función de la edad 97

2.3. Beneficios de la actividad física 98
2.4. Práctica de actividad física en función de la población 99
2.5. Práctica de la actividad física en función del tipo de centro 100
2.6. Práctica de actividad física en función del IMC 101
2.7. Comparativa entre la percepción sobre las conductas sedentarias de la presente investigación y los estudios HBSC 2002 y 2006 102

3. Motivaciones hacia la práctica de actividad física 106
   3.1. Motivaciones de práctica de actividad física relacionadas con aspectos socializadores 107
   3.2. Motivaciones de práctica de actividad física relacionadas con aspectos de competencia 113
   3.3. Motivaciones de práctica de actividad física relacionadas con aspectos de mejora de la capacidad física (fitness) 120
   3.4. Motivaciones de práctica de actividad física relacionadas con aspectos de apariencia 126

4. Análisis de las motivaciones relacionadas con la práctica de actividad física en la adolescencia desde diferentes perspectivas 133
   4.1. Motivos de práctica de actividad física en función del sexo 136
   4.2. Motivos de práctica de actividad física en función de la edad 140
   4.3. Motivos de práctica de actividad física según el nivel de actividad física 141
   4.4. Barreras motivacionales que condicionan la práctica de actividad física 143
   4.5. Qué se puede hacer para mejorar la práctica de actividad física 145
   4.6. Motivos de inicio para la práctica de actividad física 146
   4.7. Personas que motivan a los sujetos practicantes de actividad física 146

Bibliografía **148**

INTRODUCCIÓN

Existen evidencias científicas que constatan los beneficios que aporta la práctica de actividad física (AF) para la salud, tanto a nivel físico (Cantera y Devís, 2002; Kamarudin y Omar-Fauzee, 2007) y psicológico (Van Praagh, 2002), así como los perjuicios producidos por hábitos inadecuados derivados del sedentarismo (Martínez, 2000; Bailey, 2006; Hancox y Poulton, 2006). A pesar de que la población dispone de información general sobre los anteriores aspectos, en los últimos tiempos han aumentado los hábitos de vida poco saludables, que contribuyen a una pérdida progresiva de la calidad de vida de los jóvenes, como por ejemplo el incremento de peso (Cantera, 1997; Castillo y Balaguer, 1998; Sallis y cols., 2000; Ceballos, 2001), pérdida de salud (Devis y cols., 2000; Arruza y cols., 2008; Valois, Umstattd, Zullig y Paxton, 2008) e incremento del sedentarismo (Martínez-González y cols., 2003; Kautiainen, Koivusilta, Lintonen, Virtanen y Rimpela, 2005; Román, Serra, Ribas, Pérez y Aranceta, 2008).

Se trata pues, de un estudio descriptivo, cuantitativo, y de corte transversal en poblaciones mediante encuestas (Montero y León, 2007). Se realizó un muestreo aleatorio por conglomerados y estratificado con afijación simple. La justificación principal de este estudio, está dirigida a conocer cómo se manifiestan estos parámetros de bienestar y estilos de vida saludables en escolares andaluces de entre 13 y 16 años, durante el curso escolar 2008-2009.

El ámbito escolar influye decisivamente en la formación y educación del individuo, pudiendo las clases de Educación Física (EF) contribuir al desarrollo integral de la persona, siendo un pilar básico la práctica de AF. Ante esta situación, el profesorado adquiere una gran importancia, convirtiéndose en uno de los agentes sociales más significativos en el proceso motivacional del estudiante (Mendoza y cols., 1994; Costa y López, 2000; Nacional Association for Sport and Physical Education, 2005).

En la actualidad se busca motivar a los individuos hacia la adopción de hábitos saludables, que incidan positivamente en el mantenimiento de unos buenos niveles de calidad de vida. Por tanto, además de conocer los niveles de práctica de AF de la población, habrá que prestar especial atención a los aspectos motivantes de su práctica.

Para abordar este estudio se ha elegido el cuestionario como método de trabajo, el cual viene siendo una herramienta utilizada en muchas investigaciones como forma de conocer la realidad presente. Metodológicamente con esta investigación se reafirma la utilidad del cuestionario como instrumento de medida, para extraer información a grupos poblacionales amplios, bajo unos criterios de validez y fiabilidad adecuados.

Desde una perspectiva más teórica, este estudio permite observar la evolución que ha experimentado la práctica de la AF, comparado con otros estudios de metodología similar realizados en diferentes grupos poblacionales y periodos históricos distintos.

El objetivo principal del presente estudio pretende conocer las motivaciones principales que inducen a los adolescentes andaluces a práctica actividad física.

En base a las diferentes evidencias científicas constatadas se puede hipotetizar que:

- Los varones destinan más tiempo a la práctica de actividad física que los escolares de sexo femenino.

- El nivel de actividad física es superior entre los escolares mesomorfos, en relación a los ectomorfos y endomorfos.

- En el periodo extraescolar (fin de semana) los adolescentes dedican más tiempo al ocio sedentario en comparación a los días laborables.

- Los sujetos activos físicamente presentan una mejor salud que los sedentarios.
- Los sujetos activos le otorgan más importancia al deporte como vehículo de mejora de sus habilidades físicas.
- Los sujetos obesos valoran más la capacidad que tiene el deporte para obtener mejoras de salud, que los que tienen normpopeso o sobrepeso.
- A medida que los sujetos son más activos se incrementa la importancia atribuida al deporte como elemento contribuyente a la mejora de la apariencia física.

La estructura del estudio diferencia varios capítulos repartidos en dos bloques:

Primer bloque o marco teórico. Contiene el Capítulo I Actividad Física (correspondiente a la fundamentación teórica).

Segundo bloque o trabajo de campo. Abarca el Capítulo II que aborda la metodología (diseño, objetivos, hipótesis, participantes o muestra, instrumentos, procedimiento, análisis estadístico y variables dependientes e independientes). El Capítulo III está dedicado a los resultados, el Capítulo IV comprende la discusión y el Capítulo V expone las principales conclusiones del estudio y Capítulo VI (referencias bibliográficas).

1. LA ACTIVIDAD FÍSICA EN LA ADOLESCENCIA

1.1. CONCEPTO DE ACTIVIDAD FÍSICA

La actividad física (AF) y el ejercicio físico son palabras que en ocasiones se utilizan indistintamente; sin embargo en términos científicos, pueden tener significados diferentes.

Actividad Física. Se refiere a las actividades cotidianas, en las que hay que mover el cuerpo, como andar, montar en bicicleta, subir escaleras, hacer las tareas del hogar, ir a la compra, y la mayoría de ellas forman parte inherente de nuestra rutina. Para Caspersen, Powel y Christensen (1985) la AF se basa en realizar un movimiento corporal, el que sea, producido por los músculos esqueléticos y que como consecuencia se produzca un gasto energético superior al que correspondería al metabolismo basal. Esta definición también es compartida por el US Departement of Health ad Human Sevice (1996).

Ejercicio Físico. Es un esfuerzo planificado e intencionado, al menos en parte, para mejorar la forma física y la salud. Puede incluir actividades como andar a paso ligero, la bicicleta, el aeróbic y quizás algunas aficiones activas como la jardinería y los deportes competitivos. Estos mismos autores, Caspersen, Powel y Christensen (1985), entienden el ejercicio físico como una variante de la actividad física y la definen como una actividad física planeada, estructurada y repetitiva cuyo objetivo es mantener o mejorar la forma física.

Deporte. Es toda actividad física como intelectual, reglada, institucionalizada, estructurada y de naturaleza competitiva (García Ferrando, 1990) con un elevado componente competitivo y de espectáculo que implica un entrenamiento físico (Boraita, 2008; U.S. Department of Health and Human Services, 1996).

Como se puede apreciar la actividad física es un concepto más amplio en el cual queda recogido el ejercicio físico y el deporte. Es frecuente utilizar estos tres conceptos de forma indiscriminada cuando se habla de actividad física, aun así es importante saber que cada uno de ellos tiene connotaciones y matices diferenciados (Balaguer y Castillo, 2002).

Dentro de la actividad física también se pueden diferenciar una serie de dimensiones básicas, bajo las siglas inglesas FITT (Frecuency, Intensity, Time y Tipe), que hacen referencia a la frecuencia, intensidad, duración y tipo de ejercicio (Sallis y Owen, 1999).

Un cuarto concepto relacionado con la AF seria la *aptitud o forma física* que es la capacidad de desempeñar una actividad de carácter físico a una intensidad ligera-moderada sin fatigarse demasiado. En este concepto de aptitud física quedan recogidos parámetros que la determinan como son la aptitud cardiovascular, respiratoria, composición corporal, elasticidad muscular, flexibilidad, y fortaleza (U.S. Department of Health and Human Services, 1996; Boraita, 2008).

1.2. LA ACTIVIDAD FÍSICA Y SU RELACIÓN CON HÁBITOS DE VIDA SALUDABLE

Desde hace tiempo se ha asumido la actividad física como una variable básica y que incide positivamente en los estilos de vida saludable.

La práctica de actividad física en los adultos para que sea beneficiosa para la salud hay que realizarla un mínimo de tres veces por semana, a una intensidad de moderada a vigorosa y al menos 30 minutos diarios (ACSM, 1991; Balaguer y García-Merita, 1994; Pate y cols., 1995; USDHHS, 1996; Morey, 1999; WHO, 2003a).

La intensidad del ejercicio es vital para controlar, planificar y cuantificar los esfuerzos, en el ámbito de la salud un rango de trabajo saludable es que abarca entre el 55-90% de la frecuencia cardíaca máxima o bien el 40-585% del volumen de oxígeno máximo, adaptado todo ello a la condición física de cada sujeto (ACSM, 1991; Morey, 1999).

En el ámbito escolar, la participación en AF de intensidad vigorosa disminuye de un promedio de 3.8 días/semana en la escuela secundaria, a 2.3 días/semana durante la universidad (Calfas, Sallis, Lovato y Campbell, 1994). Ante este panorama, los colegios y las universidades resultan muy importantes para avanzar en la configuración de la conciencia y la promoción de comportamientos saludables. Una manera de promover estilos de vida saludables para esta población es a través de cursos de AF. Estos cursos ofrecen una excelente oportunidad de desarrollar y aumentar la comprensión y aprecio por la participación en toda la vida bajo un estilo de vida saludable, que incluya AF regular (Leenders, Sherman y Ward, 2003).

1.3. BENEFICIOS DE LA ACTIVIDAD FÍSICA EN NIÑOS Y ADOLESCENTES

La comunidad científica en general admite que hay una correlación positiva entre la salud y la AF que practican las personas. En la misma línea Tudor y cols. (2004) afirman la importancia que tiene la práctica habitual de AF para prevenir enfermedades como la diabetes, hipertensión, afecciones coronarias y algunos tipos de cáncer. Hay muchos estudios que lo corroboran, en los que se muestran los beneficios de la AF y los potenciales peligros que el sedentarismo puede provocar en los sujetos, mermando su salud y bienestar (Cantera y Devís, 2002; Van Praagh, 2002). Por tanto, practicar AF de forma regular y sistemática resulta un eficaz elemento de prevención ante posibles trastornos de salud, reportando a sus practicantes indudables beneficios tanto físicos como psicológicos (Dubbert, Martín y Epstein, 1986; Lawerence, 1987). Por ello, la práctica regular de AF reduce el riesgo de muerte prematura, ya que mejora los factores de riesgo de enfermedades crónicas (USDHHS, 1996; Gustavo, 2006).

La AF regular ha sido por mucho tiempo considerada como un componente importante del estilo de vida saludable. Los estudios epidemiológicos han demostrado que la AF protege contra la mortalidad prematura y, como media, las personas físicamente activas viven más tiempo que aquellos que son sedentarios. Por otra parte, influye positivamente en la salud física y psicosocial en todas las fases del ciclo de vida y también ayuda a mejorar la calidad de vida para las personas de todas las edades (Kamarudin y Omar-Fauzee, 2007).

Un informe del Consejo de Europa sugiere que el deporte ofrece oportunidades de reunirse y comunicarse con otras personas, da la posibilidad de experimentar diferentes roles sociales, contribuye al aprendizaje de las competencias sociales (como la tolerancia y el respeto a los demás), y potencia el trabajo en equipo, favoreciendo el desarrollo de la cooperación y la cohesión. Este informe destaca la importante contribución del deporte a los procesos de desarrollo de la personalidad y el bienestar psicológico, afirma que hay pruebas sólidas sobre los efectos positivos de las actividades físicas en la autoestima, ansiedad, depresión, tensión y el estrés, la autoconfianza, la energía, el estado de ánimo, la eficiencia y el bienestar (Svoboda, 1994; Bailey, 2006).

Como se viene diciendo el ejercicio físico produce beneficios en las personas mejorando su salud física y psicológica y contribuyendo a dotar a los niños y adolescentes de una mayor calidad de vida, también ayuda a prevenir enfermedades futuras, muchas de las cuales surgen en la infancia y facilita la adopción de hábitos de estilos de vida saludables, procurando mantenerlos durante la edad adulta (Cantera, Devís y Peiró, 2002; Malina, 1996; Van Mechelen y cols., 2000). Si se pretende retrasar o prevenir enfermedades crónicas en la edad adulta es fundamental incrementar los niveles de práctica de AF en la infancia y adolescencia con la intención de que la adherencia a esta práctica saludable se prolongue con el paso de los años (Aarón y Laporte, 1997; Vanreusel y cols., 1997). Aun así, en la infancia y la adolescencia, los beneficios derivados de la práctica de actividades físico-deportivas son más difíciles de detectar, debido a que estos sujetos se encuentran inmersos en una etapa vital de innumerables cambios, en todos los ámbitos, como es la adolescencia (Bar-Or y Malina, 1995; Bouchard, Shephard y Stephens, 1994).

Está asumido que la práctica de AF produce efectos positivos en la salud, tanto físicos como psicológicos, siempre que se realice con la frecuencia, intensidad y duración correctas. Una de las recomendaciones de práctica más apoyadas dentro de la investigación es aquella que propone realizar AF al menos tres veces por semana, a una intensidad de moderada a vigorosa (55-90% de la frecuencia cardiaca máxima) y con una duración mínima de 30 minutos por sesión (ACSM, 1991; Berger y cols., 1993; Balaguer y García-Merita, 1994; Pate y cols., 1995; USDHHS, 1996; Morey, 1999; WHO, 2003). Además, los ejercicios deben ser aeróbicos recomendando una respiración abdominal (Berger y cols., 1993).

Pérez Samaniego (1999) agrupa los beneficios que produce la práctica de AF para la salud de las personas en tres grupos:

Beneficios Biológicos

- Mejora del funcionamiento de sistemas corporal: Cardiovascular, locomotor, metabólico, endocrino y nervioso.
- Prevención y tratamiento de enfermedades degenerativas o crónicas (osteoporosis, asma, diabetes), hipertensión, obesidad y cáncer de colon.
- Regulación de diferentes funciones corporales (sueño, apetito, sexual...).

Beneficios Psicológicos

- Prevención y tratamiento de alteraciones psicológicas (estrés, ansiedad, depresión, neuroticismo).
- Estado psicológico de bienestar (well-being).
- Sensación de competencia.
- Relajación.

- Distracción, evasión y forma de expresión de las emociones.
- Medio de aumentar el autocontrol.

Beneficios Sociales
- Rendimiento académico.
- Movilidad social.
- Construcción del carácter.

La AF es una poderosa arma para combatir y prevenir el sobrepeso y la obesidad, puesto que ayuda a mantener el peso y la composición corporal en valores saludables, provocando una disminución de la grasa corporal (Popkin y Doak, 1998; Sallis y Owen, 1999).

Los países desarrollados sufren con mayor intensidad el azote de las enfermedades cardiovasculares (WHO, 2003), de hecho en Gran Bretaña, en 1992, se produjeron 170.000 fallecimientos relacionados con esta causa y se aproximaron unas cifras cercanas a las 329.000 personas que padecieron ataques al corazón (British Heart Foundation, 1996).

Unos de los puntos de referencia en España es la Encuesta Nacional de Salud, en concreto en el año 2001 se determinó que el 38% de la población mayor de 15 años se veía afectada por procesos tales como la hipertensión, colesterol, diabetes, asma y trastornos coronarios, entre otros. Respecto a 1997 el incremento fue del 7%.

Desde un enfoque fisiológico, Sallis y Owen (1999), concluyeron que la práctica de AF mejora la esperanza de vida, aumentando la longevidad, tiene un poder preventivo de ciertas enfermedades y también reporta beneficios a muchos de los sistemas del organismo. También, su práctica puede prevenir lesiones de carácter deportivo, puesto que se mejora y fortalece el aparato músculo-esquelético, siendo para ello vital hacer una inmersión gradual en la AF y alejarse de esfuerzos exagerados.

Muchos de los estudios que analizan los beneficios psicológicos relacionados con la práctica de AF están relacionados con los estados de ánimo, la ansiedad, la depresión, la autoestima y el funcionamiento cognitivo (Pastor y Pons, 2003). De hecho, el bienestar psicológico vendría dado por la disminución de la tensión muscular, el aumento de la temperatura corporal, un mayor transporte de oxígeno y el aporte de glucosa al cerebro, etc. (Biddle y Mutrie, 1991; Weinberg y Gould, 1996). Para explicar la relación entre el bienestar psicológico y la AF el mecanismo de las hipótesis está muy aceptado por la comunidad científica. Este mecanismo nos dice que muchos órganos y tejidos corporales producen endorfinas produciendo un estado de euforia y disminuyen la sensación de dolor. Otra explicación sería la que aporta la hipótesis de la distracción, es decir, durante la práctica de AF el sujeto se distrae produciéndose una interrupción del proceso estresante que trae como consecuencia una mejora del bienestar psicológico (Weinberg y Gould, 1996).

La etiología de buena parte de las enfermedades crónicas se encuentra en la infancia y adolescencia, de ahí que una persona con problemas de salud en la infancia, en la edad adulta tiene más posibilidades ser un sujeto con un elevado riesgo de padecer enfermedades de esta índole (Luepker, 1995).

Al hablar del desarrollo cognitivo de los sujetos éste se ha resumido en la frase de *"un cuerpo sano conduce a una mente sana"*, y la AF en todo este entramado puede ayudar al desarrollo intelectual del niño. Sin embargo, hay algunos padres que el tiempo destinado a la práctica deportiva lo ven como competidor del rendimiento académico, creyendo que sus hijos tendrán un descenso en las notas. Los investigadores han sugerido que la práctica de actividades físico-deportivas puede mejorar el rendimiento académico, aumentando el flujo de sangre al cerebro, mejorando el estado de ánimo y aumentando la agilidad mental. A pesar de que sigue siendo necesaria mucha investigación en este campo de trabajo, la mayor parte de los estudios existentes sugieren una relación positiva entre el funcionamiento intelectual y la AF regular, tanto para adultos y niños (Bailey, 2006).

Como se ha dicho con anterioridad, los efectos beneficiosos de la práctica deportiva muchas veces no se hacen visibles en las primeras etapas de la vida, lo cual no es impedimento para hacerse evidentes en la edad adulta. De hecho, aquellos sujetos que son más activos en la infancia y adolescencia presentaran niveles de práctica de AF superiores en la edad adulta que sus compañeros sedentarios (Taylor y cols., 1999), siendo los hábitos saludables que se establecen en estas edades los que perduran, en mayor medida, hasta la edad adulta. Por tanto, desde un enfoque preventivo es fundamental animar a los jóvenes a practicar AF y deporte cuando son pequeños, ya que ahora es más fácil cambiar su actitud hacia unos hábitos de vida saludables que cuando alcanzan la madurez (Blackburn, 1991).

1.4. FACTORES PROPIOS DE LA ACTIVIDAD FÍSICA

Tanto la AF como el ejercicio físico tienen como componente común el movimiento, provocado por la acción del cuerpo humano (Welk, 2002).

Por su parte, la actividad física tiene una serie de factores que son importantes conocer para así comprender los procesos adaptativos del organismo a los estímulos físicos, a los cuales se ve sometido.

a) Factores cuantitativos:

- *Tipo.* Diferenciación entre actividades físicas en las que participan grandes grupos musculares, con alto componente aeróbico, del resto de actividades.

- *Intensidad.* Se puede contabilizar por porcentaje de trabajo realizado, por consumo de oxigeno máximo (l/min o ml/min) o el coste energético de la actividad, expresado en METs (equivalente metabólico). Correspondiendo un MET al gasto energético equivalente a permanecer sentado en situación estática, con una media para los adultos de 3.5 ml/kg/min o bien a 1 kcal/kg/hora.

- *Frecuencia.* Es el número de veces que se hace una determinada AF, medida en minutos.

b) Factores cualitativos, permiten clasificar la práctica física en función del beneficio que reporta sobre la salud de las personas. Una clasificación de las actividades sería la siguiente (Shephard, 2005):

- *Actividad laboral.* Se puede entender como activas o pasivas, según el coste energético, influye mucho la mecanización del trabajo.

- *Tareas domésticas.* En los últimos tiempos se ha evidenciado un descenso del coste energético necesario para llevarlas a cabo, en buena medida provocado por la proliferación de multitud de electrodomésticos que nos hacen estas tareas más livianas.

- *Educación Física.* Su objetivo es contribuir al uso del tiempo libre del sujeto con actividades físicas y la adopción de estilos de vida saludables.

- *Actividades de tiempo libre.* Dentro de ellas encontramos el ejercicio físico, deporte, entrenamiento, baile y juegos.

1.5. RECOMENDACIONES DE ACTIVIDAD FÍSICA SALUDABLE EN NIÑOS

Existe discrepancia en torno a cuáles son los niveles necesarios de AF en los niños para que este hábito suponga beneficios para la salud, las recomendaciones están basadas en estudios que analizan los efectos de la AF en personas adultas (Sallis, Patrick y Long, 1994).

Unas de las primeras recomendaciones en relación con la práctica de AF enfocada hacia la salud de los niños son las elaboradas por Sallis y Patricks (1994), en las cuales se dice:

- "Todos los adolescentes deberían ser físicamente activos todos los días, o casi todos los días. Esta actividad podría consistir en la práctica de juegos, deportes, trabajo, utilización de medios de transporte, actividad física de recreación, clases de educación física o ejercicio planificado. Podría llevarse a cabo en el contexto familiar, en la escuela o en el seno de diversas asociaciones...".

- "Todos los adolescentes deberían realizar actividades durante tres o más veces por semana, con una duración de 20 minutos o más y que requiriesen una intensidad modera a vigorosa".

Hay datos que evidencian la posibilidad de que los jóvenes no estén siguiendo las recomendaciones de práctica de AF y se encuentren parámetros insuficientes, y por lo tanto, no adecuados para la salud (Armstrong, 1989; Sthephens y Craig, 1990; Cale y Harris, 1993). Estos datos de estudios internacionales tienen su correspondencia a nivel nacional, donde al parecer la AF practicada por ambos sexos, en la edad infantil, es claramente escasa para que se obtengan beneficios saludables (Mendoza y cols., 1994; Cantera, 1997; Tercedor y Delgado, 1998; García Ferrando, 1993, 2001; Lasheras y cols., 2001). Más de un tercio de las adolescentes de hoy no participa en la AF diaria. Además, la participación de los adolescentes en la AF vigorosa se redujo sensiblemente un período de diez años comprendido entre 1993 y 2003.

Varios organismos nacionales y organizaciones (La Asociación Americana del Corazón, AAHPERD, el American College of Sports Medicine, así como la Academia Americana de Pediatría) han hecho recomendaciones sobre las cantidades de AF para los jóvenes en edad escolar en los últimos años. Sin embargo, una reciente revisión de la literatura recomienda que los jóvenes en edad escolar deben participar, en la mayoría de los días de la semana, en 60 minutos de diversas actividades físicas de intensidad de moderada a vigorosa, que sean apropiadas al desarrollo y agradables. Este total se puede conseguir uniendo el tiempo invertido en las clases de EF y en la AF (McNamee, Bruecker, Murray y Speich, 2007). Biddle y cols. (2004) aumentaron la sesión de AF hasta llegar a los 60 minutos de práctica durante casi todos los días, modificando así las anteriores recomendaciones de Sallis y Patrick (1994) que abogaban por los 30 minutos.

1.6. EVALUACIÓN DE LA ACTIVIDAD FÍSICA

Las técnicas de medición de la AF son realmente útiles si estamos interesados en determinar la relación que hay entre la AF y la salud (Martínez López, 2005; Martínez López, Moral, Lara y Cachón, 2009; Martínez López, Zagalaz y Linares, 2003; Strath y cols., 2000). Para obtener una medición cuantitativa tenemos los podómetros, monitores de frecuencia cardíaca, sensores de movimiento, observación directa, diarios y cuestionarios (Dale y cols., 2002). Los podómetros, acelerómetros y monitores de frecuencia cardíaca estarían dentro de los métodos objetivos. Por su parte los cuestionarios y diarios corresponden a métodos subjetivos. Criterios como la fiabilidad, validez, sensibilidad, no-reactivo (no influencia en la conducta del sujeto), aceptable para el sujeto y tener un coste de administración adecuado son parámetros que deben cumplir los métodos de medida (Sallis y Owen, 1999).

Tabla 1.Ventajas e inconvenientes de diversos métodos de evaluación de la actividad física (Dale y cols., 2002).

Método	Ventajas	Inconvenientes
Cuestionarios autoadministrado	Recoge información de tipo cuantitativo y cualitativo; Barato y posibilidad de usar con grandes muestras; Rápido y poco exigente para el encuestado; Válido para estimar el gasto energético de la actividad diaria.	Problemas de fiabilidad y validez por tener que recordar la actividad a registrar; Problemas de validez de contenido en la interpretación de AF en diferentes poblaciones.
Acelerómetro	Medición objetiva de movimientos corporales (aceleración); Válido en pruebas de campo y de laboratorio; Diferencia entre intensidad, frecuencia y duración; No invasivo; Fácil registro y análisis de datos; Grabación de datos cada minuto; Permite evaluar periodos de tiempo extensos (semanas).	El coste económico puede impedir medir grupos numerosos; Medida errónea en movimientos de tren superior, actividades acuáticas; Escasez de estudios de campo para obtener ecuaciones de estimación de gasto energético en poblaciones específicas; No garantiza una medida adecuada en periodos largos de tiempo debido a que el sensor se puede mover y el observador no está presente.
Monitor de frecuencia cardíaca	Parámetro fisiológico; Buena asociación con gasto energético; Válido para estudios de campo y laboratorio; Poca exigencia para los sujetos durante el periodo de registro limitado (30 minutos a 6 horas); Describe intensidad, frecuencia y duración; Fácil registro y análisis de datos; Aporta información de carácter educativo.	El coste económico puede impedir medir grupos numerosos; Algunas molestias en periodos de medición extensos; Válido sólo para actividades aeróbicas; La FC y el nivel de forma física pueden afectar a la relación FC-VO_2max; Incertidumbre en la predicción del gasto a partir de la FC.
Podómetros	Baratos y no invasivos; Se puede usar en múltiples situaciones (trabajo, escuela, etc.); Fácil de administrar a grupos numerosos; Puede promover cambios de conducta; Medida objetiva de la actividad cotidiana.	Pérdida de precisión al correr (está siendo evaluado); Posibilidad de que el evaluado falsee la medición; Diseñado específicamente para medir marcha.
Observación directa	Proporciona excelente información de tipo cuantitativo y cualitativo; Categorías de AF preestablecidas que permiten medir conducta de forma específica; Disponibilidad de programas informáticos para la recogida y tratamiento de datos.	Exige entrenamiento intenso para lograr fiabilidad inter observadores; Toma de datos muy laboriosa en tiempo y esfuerzo que limita el número de participantes; La presencia del observador puede alterar los patrones de actividad física normales; Escasez de estudios de valoración frente a criterios fisiológicos.
Calorimetría indirecta y agua doblemente marcada	Precisión de la medida; Medida del gasto energético.	Invasivo; Pone en duda la medición de patrones de AF; Alto coste económico.

Los métodos de evaluación directos como la acelerometría, la calorimetría y el agua doblemente marcada miden directamente la actividad física, empleando para ello instrumentos mecánicos o electrónicos sofisticados con un elevado coste económico (USDHHS, 1996). Se puede afirmar que los métodos directos poseen más precisión que los indirectos, siendo adecuados para aplicarlos en investigaciones experimentales o bien con muestras reducidas, así como en la validación de otros métodos de medición de la AF, tanto directos como indirectos (La Porte y cols., 1985).

Mediante los cuestionarios y diarios de actividad física la evaluación de la intensidad de la práctica de AF es problemática, por el alto componente de subjetividad que posee (Paffenbarger, Wing y Hyde, 1978; Martín, Tercedor, Pérez, Chillón y Delgado, 2004). Por regla general este tipo de método de medida suele cumplir los criterios de no-reactividad, aceptables por los encuestados y coste de administración razonable. Criterios como la validez y la sensibilidad son menos notorios en la mayoría de los casos.

1.7. FACTORES SOCIODEMOGRÁFICOS Y SU VINCULACIÓN CON LA ACTIVIDAD FÍSICA

Edad. Se puede afirmar que la práctica de AF experimenta un retroceso paralelo al incremento de la edad de los sujetos, como se puede observar en numerosos documentos, entre ellos, en la encuesta realizada por García Ferrando (2001) sobre los hábitos deportivos de los españoles. Este descenso se hace más acusado cuando los jóvenes superan los 17 años de edad, que normalmente coincide con el abandono de los estudios obligatorios y la inserción en el mundo laboral o universitario. Al tránsito de esta edad, se produce una pérdida de práctica de AF del 18% y esta tendencia a la baja sigue su curso hasta llegar a cifras de práctica de tan sólo el 13%, coincidiendo con sujetos de entre 15-24 años.

Para confirmar esta teoría, Balaguer y Castillo (2002) realizaron un estudio en adolescentes valencianos, donde se evidenció un descenso en la práctica de AF a medida que los sujetos se hacen mayores. Esta circunstancia no es exclusiva de los hombres o mujeres, sino que se da por igual en ambos sexos.

El panorama internacional no es ajeno a esta corriente sedentaria. De hecho, en Estados Unidos se apreció una situación muy parecida, a la anteriormente descrita para España. Según los datos provenientes del USDHHS (1996) los niveles de práctica de AF descienden entre los sujetos de mayor edad. Algo similar ocurre con la población australiana (Owen y Bauman, 1992).

Género. El sexo de las personas es un elemento diferenciador en relación con la práctica de AF, resultando los hombres más activos que las mujeres, con porcentajes del 46 y 27%, respectivamente (García Ferrando, 2001). Las adolescentes eran activas entre el 1-5% de los casos, por el 20% de los varones (Salus, 1993). Estas diferencias de práctica físico-deportiva no son exclusivas de una determinada edad, si no que se extienden por todos los tramos de la vida. Para muestra, el estudio de Balaguer y Castillo (2002) donde se examinaron chicos de entre 11 a 16 años y se comprobó que los hombres son más activos que las mujeres, independientemente de la edad.

Muchas son las teorías y posicionamientos que se pueden emplear para intentar explicar esta casuística. Para García Ferrando (1990), la razón de ser está en que en nuestra sociedad aún perduran estereotipos, con un marcado carácter sexista, que penalizan la práctica de AF por parte de las mujeres, puesto que suponen, a su juicio, una pérdida de feminidad y valores conductuales propios de éstas.

Educación. La formación y nivel educativo de las sociedades es un elemento catalizador de la práctica deportiva, puesto que se han evidenciado mayores cotas de actividad en las personas con un nivel superior de estudios (Owen y Bauman, 1992; USDHHS, 1996).

En España existe una alta correlación positiva entre el nivel de estudios con la práctica de actividad físico-deportiva de la población, incrementándose una a medida que aumenta la otra. Esta distancia se hace mayor si comparamos personas con estudios universitarios (64% de práctica) con otras sin formación académica (11% de práctica) (García Ferrando, 2001).

Ingresos y posición social. Tanto el nivel económico como el estrato social de procedencia son elementos diferenciadores de la conducta tendente a la práctica deportiva. Los datos avalan esta teoría, ya que las personas más sedentarias coinciden mayoritariamente con aquellas que pertenecen a grupos sociales y económicos más deprimidos (Peiró y cols., 1995; USDHHS, 1996; García Ferrando, 2001).

Factores geográficos. En un estudio a nivel europeo se hallaron diferencias claras en los estilos de vida de los ciudadanos de cada una de las naciones. La muestra la compusieron un total de 1.000 sujetos de edades superiores a los 15 años. Como conclusiones se extrajeron la alta tendencia al sedentarismo en la Unión Europea, sobre todo entre los obesos, fumadores y personas con escasa formación académica. Portugal es el país con un nivel más elevado de personas sedentarias, 87%, por el 43.3% de Suecia. En los países nórdicos, sobre todo los escandinavos, sus habitantes son más activos que los de la cuenca mediterránea (Varo y cols., 2003).

En España la situación difiere por Comunidades Autónomas, así los más activos son los navarros (46% de práctica) por el 26% de los extremeños, que resultan ser los más sedentarios del país. De las 17 Autonomías españolas, ocho presentan valores de actividad superiores a la media (Navarra, Madrid, Cataluña, Asturias, País Vasco, La Rioja, Castilla-León y Comunidad Valenciana) con porcentajes que oscilan entre el 46% de los navarros al 39% de los valencianos. En valores sensiblemente inferiores a la media, tan sólo un punto por debajo, tenemos a Cantabria, Murcia, Baleares y Canarias. En último lugar nos encontramos con aquellas comunidades donde la práctica de AF ha descendido de forma acusada: Aragón (33%), Galicia (33%), Andalucía (33%), Castilla-La Mancha (27%) y Extremadura (26%) (García Ferrando, 2001).

La explicación a estas diferencias de práctica de AF se puede explicar por la tradición y la cultura deportiva de cada una de las regiones y también como fruto de la atención prestada por parte de las administraciones, tanto locales como autonómicas, al impulso del deporte, la AF y el turismo (García Ferrando, 2001).

1.8. DETERMINANTES DE LA ACTIVIDAD FÍSICA

Para estudiar la adherencia a la práctica de actividad física se puede utilizar muchas teorías y modelos teóricos. Ayudar a los individuos a establecer patrones de comportamiento positivo, y la práctica de AF vigorosa a una edad temprana es fundamental para conseguir beneficios para la salud y el bienestar de la persona a corto y largo plazo. Por tanto, los profesionales de la salud necesitan entender los factores que pueden motivar o interferir en la práctica de la AF (Allison y cols., 2005; Dwyer y cols., 2006; Grieser y cols., 2006). A continuación se detallan los modelos fundamentales:

Modelo de Creencias de Salud (Becker y Maiman, 1975). El interés de una persona para actuar de forma preventiva respecto a su salud dependerá de la percepción de riego que tiene de padecer una enfermedad, así como de la valoración de los costes y beneficios que le supongan tomar esa decisión. Cuando un sujeto percibe que está en claro riesgo su salud y estima que hay más beneficios que perjuicios en actuar desde la prevención, está preparado para adoptar los comportamientos saludables que sean necesarios (Becker y Maiman, 1975; Weinsberg y Gould, 1999).

Teoría de la conducta planificada (Ajzen y Madsen, 1986). Varios estudios consideran a esta teoría como la más acertada para predecir y explicar las conductas relativas a la salud y el ejercicio físico (Hausenblas y cols., 1996; Hagger y cols., 2002). Para las teorías de la Acción Razonada y la Conducta Planificada la intención es el predictor más importante de la conducta. En la Conducta Planificada el control percibido sobre la tarea es el elemento más importante para saber la facilidad o dificultad que nos vamos a encontrar para poder realizar una determinada tarea. Al analizar estas circunstancias se tiene en cuenta la experiencias previas, las barreas y obstáculos percibidos (Ajzen, 1985, 1991).

Teoría Cognitivo-Social (Bandura, 1986). Los factores personales, de comportamiento y ambientales interactúan y se determinan de forma recíproca. No en vano esta teoría es conocida como Teoría del Determinismo Recíproco. La idea de que se puede realizar una tarea con éxito es de lo que más anima a los individuos a intentarlo. Esta autoeficacia se ha mostrado como un buen predictor del comportamiento de los sujetos en una gran variedad de situaciones relacionadas con la salud. Para el autor la voluntad está más relacionada con la autoeficacia percibida que por las expectativas del resultado. Para ello es fundamental que la acción se interrumpa lo menos posible. Las personas con dudas en sí mismas se inclinan más a anticipar los escenarios de fracaso, se preocupan por sus posibles deficiencias de ejecución y abortan prematuramente sus esfuerzos. Las personas con un sentido optimista de autoeficacia, por el contrario, visualizan los escenarios de éxito que guían la acción y les permiten perseverar ante los obstáculos. Cuando se encuentran con dificultades imprevistas se recuperan rápidamente (Bandura, 1999). Pero las acciones no sólo están determinadas por las intenciones y el control cognitivo, también lo están por el contexto real y el percibido.

El modelo Transteórico (Prochaska, DiClemente y Norcross, 1992). Bajo este modelo se intenta dar respuesta a la adherencia a la práctica de ejercicio físico como un proceso que transita por cinco etapas. Años de investigación científica han constatado que la práctica de AF, así como las conductas saludables, por parte de la población no son constantes ni permanentes. La clasificación de la población en base al *modelo de estados de cambio*, en relación a la práctica de actividad físico-deportiva, supone establecer características diferentes a los sujetos dependiendo del estadio donde se encuentren. Estos comportamientos humanos estables en origen, pueden mantenerse durante largos periodos de tiempo a la vez que son susceptibles a los cambios (Prochaska y Marcus, 1994). A continuación se exponen los diferentes estados del modelo:

- Estado de precontemplación. El sujeto no practica AF noi se plantea hacerlo.

- Estado de contemplación. Se baraja la posibilidad de practicar AF pero no se hace.
- Estado de preparación. La persona empieza a realizar AF de forma intermitente.
- Estado de acción. El sujeto hace AF de manera regular, sin llegar a llevar 6 meses de práctica continua.
- Estado de mantenimiento. Cuando el sujeto lleva más de 6 meses practicando AF, después del cambio de comportamiento.
- Estado de terminación. No se manifiesta ninguna intención del volver al antiguo comportamiento.

La tendencia es a mantener la nueva conducta y a incrementar la autoeficacia en la práctica, al mismo tiempo que los sujetos se alejan de hábitos no saludables, desde el periodo de precontemplación hasta el mantenimiento (Marcus y Owen, 1992; Gorely y Gordon, 1995; Wyse y cols., 1995).

Modelo de los determinantes (Sallis, 1995). En la práctica de AF influyen determinadas variables como son la personales (biológicas y psicológicas) y las ambientales (sociales y físicas). Dentro de las biológicas aparecen la edad, género y obesidad, y en las psicológicas las creencias respecto a la salud, barreras percibidas, actitudes, autoeficacia, conocimientos, intenciones, estrés percibido y personalidad. En las variables sociales destacan el apoyo paterno, el apoyo de los compañeros, la AF de los padres y las instrucciones paternas, y entre las variables físicas se encuentran la climatología, estación del año, día laborable/fin de semana, tiempo al aire libre, acceso a programas y horas de televisión (Sallis, 1995).

Una de las razones más importantes que aducen las personas para practicar AF es la necesidad de diversión, circunstancia que ha sido correlacionada positivamente en niños y jóvenes, al igual que experiencias y actitudes favorables hacia la asignatura de EF (Borra y cols., 1995; Zakarian y cols., 1994).

Teorías socio-ambientales. La socialización se puede definir como un proceso a lo largo de la vida por el cual el individuo adquiere actitudes, creencias, costumbres, valores, roles y expectativas de una cultura o grupo social. Cuando las personas están el periodo de la adolescencia la importancia que se atribuye a la AF puede estar influenciada por normas socio-culturales, por el ambiente familiar y escolar, pudiendo condicionar el mantenimiento o no de unos hábitos de vida activos o sedentarios.

La socialización es un proceso por el cual el niño va adquiriendo la cultura propia de su grupo de pertenencia, que dura toda la vida y que se intensifica más en la infancia. Este es un proceso no formal e inconsciente en el cual el niño interioriza conocimientos, actitudes, valores, costumbres, necesidades, sentimientos y demás patrones culturales que caracterizan su estilo de adaptación al ambiente (Musitu y Allatt, 1994).

1.9. VARIABLES PERSONALES, SOCIALES Y AMBIENTALES RELACIONADAS CON LA ACTIVIDAD FÍSICA

Variables personales. La práctica de AF en la edad temprana correlaciona positivamente con niveles superiores de AF en la edad adulta (Blasco, 1994; Carrión, 2006). Estudios como el de Carrión (2006) corroboran la importancia que tiene practicar AF de forma habitual en la infancia para así mantener estos patrones de actividad cuando se es adulto. En este estudio se analizó la AF de mujeres universitarias tanto en la infancia como en la adolescencia, llegándose a la conclusión de que las chicas más activas eran quienes mayores niveles de práctica de AF registraban en periodos vitales anteriores.

Las variables relacionadas con la percepción de la de aptitud físico-deportiva determinan la práctica de AF, siendo los sujetos que perciben más competentes los que practican con mayor asiduidad en relación a los más torpes (Balaguer y Castillo, 2002).

Variables sociales. La socialización influye de forma clara en la práctica de AF de las personas, de hecho aprendemos lo que nuestro entorno más próximo considera correcto y aquello que se espera que hagamos. Por tanto, la práctica de AF y el aliento de personas significativas para el individuo se erigen como uno de los mayores condicionantes de dicha práctica (Balaguer y Castillo, 2002; Carrión, 2006), siendo la familia uno de los mayores focos de influencia.

Esta teoría está avalada por los estudios de Castillo, Balaguer, García-Merita y Valcárcel (2004) bajo una muestra de 967 adolescentes de entre 11 y 16 años, representativa de la Comunidad Valenciana, donde se concluyó que los sujetos que tenían más personas en su zona de influencia que eran físicamente activas coincidían con quienes más práctica de AF realizaban.

Variables ambientales. El hecho de pertenecer a un club deportivo determina una mayor práctica de AF, en personas de ambos sexos (Castillo y cols., 1997). En un estudio realizado con adolescentes valencianos de 11, 13 y 15 años, se apreció una relación positiva entre la pertenencia de los hijos a un club deportivo y hábitos activos por parte del padre (Castillo, 1995). Igual pasó en el caso de las mujeres, donde quienes eran más activas coincidían con quienes sus madres destinaban más tiempo al ocio activo.

1.10. INFLUENCIA DE LA FAMILIA EN LA PRÁCTICA DE ACTIVIDAD FÍSICA

La familia más próxima se puede considerar como uno de los agentes más influyentes en la participación de los hijos en la práctica de AF (Bolliet y Schmitt, 2002; Bois, 2003; Martínez López, Cachón y Moral, 2009). En edades tempranas, la familia, escuela, amigos y ciertas características propias de cada persona, como la autoestima y la motivación, son fundamentales en el comportamiento (McPherson, Curtis y Loy, 1989; Mota y Queiros, 1996). Esta influencia tendrá más o menos calado en función de la edad de los sujetos, ya que los más pequeños imitan lo que hacen los adultos, por su parte los adolescentes reinterpretan determinados comportamientos (Torre, 1998).

Diferentes estudios parecen resaltar la importancia que tienen los progenitores en la formación social de sus hijos (Casimiro, 1999), no en vano cuanto más pequeños son los sujetos más importante es que se ejerza una correcta influencia desde el entorno familiar, en beneficio de la educación y la calidad de vida (Costa y López, 2000). Esta influencia puede oscilar dependiendo del nivel socioeconómico del chico, ya que padres de diferentes niveles sociales poseen perspectivas diferentes sobre la AF de sus hijos.

Yang y cols. (1996) llevaron a cabo un estudio que analizaba la influencia de los padres en la iniciación y mantenimiento de sus hijos en determinadas conductas tendentes a la práctica de AF, encontrándose relación entre ambos. Siendo el mejor preditor de práctica de AF de los adolescentes el padre.

Casimiro (1999) concluyó que el alumnado de primaria recibe una gran influencia de los padres, siendo las madres las que más ejercen, y los niños que participan en actividades físicas reflejan el interés de sus progenitores, sobre todo si la actividad ha sido placentera. Por tanto, si son practicantes activos pueden servir de modelo para sus hijos (García Ferrando, 1993; Telama y cols., 1996).

Quedando de manifiesto que la percepción que los hijos tiene acerca del comportamiento del padre es vital, siendo más importante lo que el niño cree que hace el padre que lo que realmente hace éste, debiendo ser sus padres conscientes de la diferencia entre ejercer una presión negativa y destructiva, y ejercer el apoyo desde un enfoque positivo (Klesges y cols., 1984; Mckenzie y cols., 1991).

1.11. INFLUENCIA DE LOS AMIGOS EN LA PRÁCTICA DE ACTIVIDAD FÍSICA

Los estudios a menudo se centran en la socialización en el deporte dentro de la familia, la escuela y el grupo de pares. Las influencias sociales pueden definirse como una presión que las personas perciben de otros importantes para realizar una determinada conducta y como resultado pueden ser determinantes importantes del tiempo de ocio deportivo. Fuentes de influencia social son los familiares, amigos y compañeros de trabajo/clase, así como la influencia general de la sociedad. La actividad deportiva de otras personas importantes parece un importante flujo de influencia. El apoyo social de amigos del mismo sexo se ha considerado un factor importante en la participación y en la prolongación continuada en el tiempo de ocio basado en la actividades físico-deportivas, de las niñas pero no para los niños (Keresztes, Piko, Pluhar y Page, 2008). La experiencia de la EF en las escuelas también parece afectar a los niños y las niñas de forma diferente.

Para los jóvenes, incluso también en los adolescentes, el aliento de sus familiares y amigos es muy importante para que sean físicamente activos (Reynolds y cols., 1990; Sallis, 1994). Este colectivo está formado por amigos de la misma edad y suelen ejercer una gran influencia en la niñez y la adolescencia, condicionando la formación de actitudes y valores que se evidencian en el comportamiento de los sujetos. En la misma línea Torre (1998) afirma que el grupo de iguales, los amigos, es el segundo agente socializador, y tiene la capacidad de consolidar el proceso ya iniciado por la familia.

En la adolescencia surge la necesidad de emanciparse, consolidándose los motivos para iniciarse y mantenerse en niveles deseables de AF, perfeccionándose determinadas habilidades y actitudes (Cantón y Sánchez, 1997). De hecho, practicar AF con los amigos se correlaciona positivamente con la práctica en edades superiores (Taylor y cols., 1993). En 1992 a nivel europeo se aplicó un estudio de hábitos saludables en niños de 11 a 15 años, y cuando tres o más miembros de la familia o amigos realizan AF un 84% de los varones y un 74% de las mujeres hacen deporte 2 o más veces a la semana (Andersen y Wold, 1992).

1.12. BARRERAS EN LA PRÁCTICA DE ACTIVIDAD FÍSICA

La literatura científica identifica una serie de variables, aspectos o dimensiones que obstaculizan o frenan la práctica de AF de los sujetos. Todo esto se conoce con el nombre de barreras. Por tanto, la intención de llevar a cabo una determinada conducta deportiva, junto con la percepción del grado de facilidad para ejecutarla, son los mayores predictores relacionados con la salud y el ejercicio físico.

Estudios cuantitativos y cualitativos han examinado los obstáculos y otros factores que influyen en la AF entre los adolescentes. Dentro de los primeros, destacan como variables fundamentales, de la AF, el ejercicio y el deporte, el género, la edad, la orientación al logro, la percepción de competencia, la falta de motivación, la falta de tiempo y la anterior participación en la AF o de la comunidad deportiva. Estudios cualitativos de los obstáculos a la AF entre adolescentes sugieren que las barreras son específicas de la etapa adolescente, tales como los roles de género, influencia de pares, y autoconcepto, padres y amigos de distinto sexo, la falta de confianza en sí mismos, y la falta de tiempo (Dwyer y cols., 2006).

Autores como Crawford y Godbey (1987) identificaron tres tipos de barreras: externas o estructurales (desarrollo físico, económicas, políticas, culturales...), internas al individuo o intrapersonales (psicológicas) y sociales o de relaciones sociales (psicosociológicas).

Identificar la barreras que frenan la práctica de AF es vital porque los sujetos que están más condicionados tienen menos posibilidades de ser físicamente activos (Pate y cols., 2002), destacando como principal obstáculo la falta de tiempo y de intereses.

Entre todas estas barreras que interfieren la práctica de AF se pueden destacar la falta de tiempo, falta de dinero, tener otras ocupaciones, aburrimiento, falta de confianza en uno mismo, demasiada presión, pérdida de interés, que los amigos dejen de participar, etc. Otros factores limitantes pueden ser el coste y la accesibilidad a las instalaciones deportivas, falta de conocimiento de los programas disponibles, oferta inadecuada de actividades y miedo a integrase con grupos desconocidos fuera del colegio (Health Education Authority, 1997). Además de las anteriores, destacan como actividades competidoras de la AF la participación en actividades relacionadas con las nuevas tecnologías (Allison y cols., 2005; Dwyer y cols., 2006).

Existe correlación positiva entre la accesibilidad a las instalaciones y programas de AF y el tiempo invertido por los niños en jugar en la calle con el nivel de práctica de AF. Actividades de ocio pasivo como la televisión o videojuegos, se correlacionan negativamente restando tiempo de práctica físico-deportiva (Dietz y Gortmaker, 1985; Kimm y cols., 1996).

Otro estudio sobre la relación entre la percepción de barreras y la participación en la AF vigorosa se hizo en un gran distrito escolar de la Zona Metropolitana de Toronto (Allison, Dwyer y Makin, 1999). Sus resultados fueron similares al anterior, los participantes consideraron que las limitaciones más importantes eran la falta de tiempo debido al trabajo de la escuela, otros intereses, y las actividades de la familia. Otras barreras relacionadas con la AF mencionadas por otros estudios son la falta de apoyo social de familiares y amigos, la falta de redes sociales, la separación de la familia y amigos; las diferencias culturales, la falta de dinero, la distancia geográfica, la falta de instalaciones, falta de aliento de sus padres y el grupo de pares. Del mismo modo, las mujeres de Malasia informaron que la falta de tiempo, la pereza, el desinterés, la timidez y no gozar del beneplácito familiar, como los principales obstáculos para hacer ejercicio (Nordin, Shamsuddin, Jamaludin y Noor Hanizah, 2002).

2. MOTIVACIONES HACIA LA PRÁCTICA DE LA ACTIVIDAD FÍSICA

2.1. DIFERENTES TEORÍAS SOBRE LA MOTIVACIÓN EN EL DEPORTE Y LA ACTIVIDAD FÍSICA

La literatura científica coincide en afirmar que la consolidación de los hábitos de práctica física tiene su lugar en las etapas más tempranas de la vida. En esta misma línea, Pieron y cols. (1999) y Gutiérrez (2000a) llegaron a la conclusión de que cualquier estrategia con vistas a proporcionar una vida saludable en los adultos, mediante la AF no tiene perspectivas de éxito a menos que conozcamos que sucede realmente con estos sujetos en edades inferiores, como la niñez y la adolescencia.

La participación de los niños en actividades deportivas se pueden explicar según una serie de principios básicos como son (Gutiérrez, 2000a):

- *Principio de percepción de competencia.* Según el cual las personas necesitan sentirse competentes en algunas de las tareas, ya sea en al ámbito intelectual, afectivo-social y físico o motriz. Todo esto proporciona un refuerzo positivo, ya que muchos de los problemas sociales que padece el ser humano son consecuencia de un fracaso en el desarrollo de las percepciones positivas de uno mismo.

- *Principio de diversión.* Está relacionado con la teoría hedonística, con los niveles óptimos de estimulación y las teorías de satisfacción y disfrute. Esto ayuda a que los niños adquieran los conocimientos, habilidades y el aprecio necesario para ser físicamente activos, procurando que los procesos de aprendizaje resulten lo más divertidos posibles.

- *Principio de modelado.* Se basa en que los niños copian las conductas de otras personas que son significativas para ellos.
- *Principio del refuerzo.* En general los niños tienden a repetir las conductas que le han reportado una recompensa positiva y eluden aquellas otras que le han supuesto algún tipo de castigo.
- *Principio de autodeterminación.* Los jóvenes prefieren realizar las actividades elegidas por ellos más que las impuestas por otros.

Harter (1987) desarrolló un modelo que explica la motivación hacia la AF que experimentan los niños. En él se recogen los orígenes y las consecuencias de la autoestima en la actitud hacia la AF. Para reforzar la autoestima de un sujeto es importante tener una percepción positiva de su competencia así como sentirse apoyado socialmente.

Para Scalan y Simons (1992) la diversión era el eje central de un modelo que analizaba la motivación y al que titularon *"Modelo de compromiso con el deporte"*. Este modelo consta de 5 determinantes que influyen en el compromiso hacia una AF de forma positiva o negativa:

- *El disfrute con el deporte.* Es definido como una respuesta positiva que refleja sensaciones de placer, gusto y diversión.
- *Las alternativas de implicación.* Muestra el atractivo de otras actividades que se podrían entender como competidoras o rivales de la participación prolongada en la AF.

- *Las inversiones personales.* Hacen alusión al tiempo, energía y todos los recursos invertidos que se perderían en el caso de dejar la actividad.
- *Las restricciones sociales.* Se refieren a la presión percibida por parte de compañeros y adultos importantes, manteniendo su implicación en las actividades que imprimen un sentido de obligación.
- *Las oportunidades de implicación.* Son los beneficios anticipados logrados con la participación continuada en la AF.

Para Miquel (1998) las principales teorías que determinan la modificación de una conducta son:

- *Teorías del aprendizaje y del comportamiento.* Se pretende prevenir el cambio de conducta con el empleo de refuerzos, la cohesión grupal y las técnicas de control de estímulos.
- *Teorías cognitivo-sociales.* Engloban estrategias de autocontrol como la especificación de objetivos a corto, medio y largo plazo. También se pretende implicar a los participantes en el proceso de toma de decisiones para facilitar así la adherencia al ejercicio físico.
- *El concepto de automotivación.* La principal revelación es que los individuos muy motivados no se ven influidos por factores motivaciones externos. En el lado opuesto tenemos los sujetos con baja motivación, los cuales se ven beneficiados de las intervenciones programadas que se llevan a cabo.
- *Teoría del aprendizaje social.* Incide directamente en el problema del mantenimiento a largo plazo de las nuevas conductas de ejercicio físico y salud, y también en el modelo de autoeficacia. Este último modelo tiene como base la seguridad en la propia habilidad, para poner en

práctica una determinada conducta, basándose en la ejecución exitosa de la misma.

2.2. TEORÍA DE LAS METAS Y SU RELACIÓN CON LA PRÁCTICA DE ACTIVIDAD FÍSICA

Nicholls (1984) recogió una categoría con las conductas de los sujetos en función de las metas que éstos se proponían, en el momento de participar en determinadas actividades físicas:

- *Conductas orientadas a demostrar capacidad.* La forma de baremar su capacidad es mediante la comparación con los demás individuos, por tanto, los sujetos se perciben como capaces cuando se sienten más competentes que el resto de las personas, y poco capaces cuando descubren que los demás son más aventajados que ellos.

- *Conductas orientadas más el proceso de la tarea que al resultado final de la conducta.* Se trata de aplicar la estrategia más adecuada para conseguir dominar la tarea que se está practicando.

- *Conductas orientadas a la aprobación social.* Se habla de éxito cuando se logra la aprobación social por parte de otras personas, al margen de los resultados derivados de la ejecución de la tarea.

- *Conductas orientadas al logro de las metas.* El éxito o fracaso está supeditado a la consecución o no de las metas propuestas.

Las metas que se proponen los sujetos cuando están en la fase de *implicación de la tarea* es dominar la tarea y aprender cosas nuevas. El sujeto percibe los fracasos como elementos que se encuentran inmersos en el proceso de aprendizaje, que le ayudaran a mejorar su ejecución futura. En la fase de *implicación del ego*, su máximo objetivo será demostrar que se es mejor que los demás, aquí los sujetos que tienen una baja percepción de su competencia tienden a esforzarse poco en la tarea y cuando se presenta algún contratiempo tienden a abandonar. Por tanto, los sujetos que se sienten motivados hacia la tarea ven el deporte y la AF como algo que fortalece su capacidad de cooperación y relación social. En el lado opuesto están aquellos individuos que se decantan por el ego, donde su máxima aspiración es conseguir un mayor reconocimiento y estatus social a través del deporte, incrementando así su popularidad, su riqueza económica y servir de referente a otras personas, adquiriendo la capacidad de ayudarles a desenvolverse en el mundo actual que les rodea (Escartí y Brustad, 2000).

Cervelló (2000) postuló que los sujetos que se orientan hacia criterios de *éxito*, relativos al dominio de la tarea, manifiestan conductas de logro más adaptativas, consiguen mejores resultados, y son capaces de superar con más facilidad cualquier dificultad que se presente, mientras que los sujetos vinculados al *ego* tienen más problemas de ejecución y desisten cuando los niveles de habilidad exigidos para la realización de una determinada actividad no son tan elevados como ellos preveían. Estas evidencias se localizan tanto en el ámbito de la EF como en el del deporte de carácter competitivo.

Como se viene afirmando la relación entre la orientación hacia la meta y el entorno escolar y familiar de los adolescentes es muy importante, de hecho Gutiérrez (2000a) encontró una serie de correlaciones positivas:

- Entre las orientaciones de meta de los adolescentes y las percepciones que ellos tienen en cuanto a las orientaciones de meta de sus padres, profesores de EF y entrenadores.

- La intención de practicar AF o mantener su práctica, en el caso de los adolescentes, correlaciona positivamente de forma significativa con la orientación a la tarea de padres y el profesor, y también con el nivel de satisfacción que los alumnos tienen de las clases de EF.

- Los adolescentes masculinos presentan una mayor orientación al ego, mientras que las mujeres se encuentran más enfocadas hacia la tarea.

- La orientación a las metas también puede estar condicionada por el tipo de deporte que se practica, así quienes están federados se encuentran más encaminados hacia el ego y perciben la orientación de meta de sus padres en este mismo sentido. En el lado opuesto están aquellos adolescentes que practican deporte escolar percibiendo a su madre más orientada hacia la tarea.

- Los descendientes de padres practicantes de deporte o AF regular son quienes los perciben más orientados hacia la tarea. Por tanto, es determinante vivir en un ambiente donde al menos uno de los progenitores, así como los hermanos, sean o hayan sido físicamente activos, esto actúa como facilitador y predispone positivamente a los hijos para que en la adolescencia sean practicantes de actividad físico-deportiva.

La orientación hacia la tarea está íntimamente relacionada con la motivación intrínseca de los sujetos, ya que el compromiso con una meta de tarea supone admitir el deporte como un fin en sí mismo. Por el contrario, en compromiso con una meta enfocada hacia el ego disminuye la motivación intrínseca, pues el deporte se afronta como un medio para así poder conseguir otros fines, entre los que se encuentra ser mejor que los demás, cobrar prestigio y reconocimiento social (Nicholls, 1989; Escartí y Brustad, 2000). La motivación intrínseca se refiere a los beneficios y las satisfacciones inherentes a la propia actividad, frente a la extrínseca que hace alusión a motivaciones no vinculadas con el desarrollo de la actividad. Con la primera, la motivación intrínseca, estaríamos hablando de sentimientos de competencia, habilidad, autorrealización, propiciando una mayor entrega y persistencia en la actividad. Por su parte, la motivación extrínseca hace mención a todo tipo de recompensa externa y muy relacionada con el éxito, de ahí que como dice Taberno (1998) a medida que aumenta el nivel de competición, los deportistas valoran más las recompensas externas (De Andrés y Aznar, 1996).

2.3. INFLUENCIA DE LOS OTROS SIGNIFICATIVOS EN LA PRÁCTICA DE ACTIVIDAD FÍSICA

Como es sabido, hay diferentes factores sociales que pueden influenciar o estar asociados a la práctica de la AF de los adolescentes (Taylor y cols., 1994), siendo importante diferenciar la terminología utilizada porque se hará referencia a factores de influencia, que según Sallis y cols. (1992), son indicativos de una correlación entre dos variables que pueden revelar una potencial asociación.

Se pueden encontrar diferentes modelos que intentan explicar asociaciones evidentes entre un conjunto de influencias y determinados comportamientos, en nuestro campo de actuación estaríamos hablando de la práctica de AF o deporte. Para Dishman (1994) muchos de los modelos sobre la conducta hacia la AF han surgido para explicar la influencia a la que ésta se ve sometida. En el mejor de los casos sólo se explicaba el 35% de la varianza, por razones metodológicas y de elección de la muestra (Sallis, Prochaska y Taylor, 2000; Van der Horst y cols., 2007).

La socialización dura toda la vida, aunque este proceso de adquisición de la cultura del grupo de pertenencia se agudiza más en la infancia, considerando como agentes socializadores a los grupos y contextos sociales dentro de los cuales se producen dichos procesos socializadores (Giddens, 1991). Para otros autores, este proceso es considerando como un aprendizaje no formalizado y en buena medida inconsciente, a través del cual el niño asimila conocimientos, actitudes, valores, necesidades, sentimientos y demás patrones culturales que caracterizan su estilo de adaptación al ambiente.

Los agentes sociales primarios, entendiendo como tal la familia, escuela y amigos, pueden ejercer una gran influencia directa en la participación del joven en actividades deportivas, sobre todo en las edades más tempranas de su vida. Por tanto, la influencia de dichos agentes dependerá mucho de la edad de los sujetos. Estas influencias también variarán en función del género (Mendoza y cols., 1994; Casimiro, 1999).

La influencia de los padres es definida como uno de los mayores mecanismos de influjo hacia la práctica de AF por parte de los jóvenes (Eccles y Harold, 1991; Pate y cols., 1994; Sallis, Prochaska y Taylor, 2000; Bolliet y Schmitt, 2002; Bois, 2003). Se puede considerar a la familia, sobre todo a los padres, como los agentes socializadores más potentes a la hora de estimular la participación deportiva de sus hijos (Greendorfer, 1983; Higginson, 1985; Power y Woolger, 1993; Mendoza y cols., 1994; Mota y Queiros, 1996; Aznar y cols., 1997; Casimiro, 2002). Los niños que participan en actividades físico-deportivas reflejan el interés de sus padres para que realicen dichas actividades, sobre todo si le han supuesto algún tipo de gozo o placer, sirviendo los padres activos como modelo para sus hijos (García Ferrando, 1993; Telama y cols., 1996; Casimiro, 1999).

Varios investigadores proponen que los niveles de actividad de los niños pueden incrementarse no sólo por la influencia de los padres y los hermanos, sino también por la de los amigos (Greendorfer y Lewko, 1978; Gottlieb y Chen, 1985; Gregson y Colley, 1986; Fox, 1988; Lewko y Greendorfer, 1988; Greenockle y cols., 1990; Reynold y cols, 1990; Mason, 1995). Por otro lado, mientras que la influencia de los padres y profesores decrece paralelo al incremento de la edad de los sujetos, la capacidad de los amigos para influenciar las conductas aumenta a medida que se hacen mayores (Rossow y Rise, 1994).

En la adolescencia el grupo de amigos supone un gran agente socializador, suelen ser personas de la misma edad que ejercen una fuerte influencia más allá de la niñez y la adolescencia, condicionando la formación de actitudes y valores, que se ven reflejados en el comportamiento de los individuos. Para Torre (1997) es la etapa de la adolescencia donde el proceso socializador se agudiza aún más, ya que tiene la facultad de favorecer o no, el proceso iniciado en la familia.

El colegio puede ser un lugar esencial para establecer y desarrollar patrones de comportamiento adecuados de cara a la salud y el bienestar de las personas, incluyendo la AF (Smith y Biddle, 1999). En la escuela los sujetos adquieren una formación sistemática, es lo que se conoce como currículum formal, pero paralelamente existe un currículum oculto que influye y condiciona el aprendizaje. Tanto en la niñez como en la adolescencia, la familia, escuela y amigos pueden tener una influencia directa en la participación deportiva de las personas. Avalando esta postura, aparece la teoría *Social-cognitiva* de Taylor y cols. (1994) que expresa las interacciones entre el entorno del hogar, la conducta y cognición de los padres e hijos, en base a los siguientes tipos de influencias:

- *La influencia del apoyo social.* Se refiere a dar información sobre el tipo de actividad física, a proveer de material, equipación, prestar apoyo emocional, etc.

- *La influencia del modelo.* Hace alusión a los patrones de AF pasados o presentes de la familia y de los "otros significativos", y la posibilidad de ejercitarse en su compañía.

- *La influencia social.* El apoyo que brindan estas personas, junto con la persuasión, presión, aprobación y las expectativas generadas.

2.4. ESTADOS DE CAMBIO EN LAS CONDUCTAS ENFOCADAS HACIA LA ACTIVIDAD FÍSICA

Las conductas hacia la salud y el ejercicio físico no son permanentes, dicho cambio conductual debe ser entendido como un proceso variable y dinámico. El modelo de estados de cambio se remonta al estudio del tabaquismo, y en la actualidad se emplea para el estudio de la conducta del ejercicio físico en sujetos adultos (Prochaska y Diclemente, 1983; Prochaska y cols., 1992; Brawley y Poag-Ducharme, 1993), transitando este proceso por cinco etapas (Prochaska y Marcus, 1994):

- *Estado de precontemplación.* Es el primer estadio y se identifica al sujeto como no practicante de AF, y ni se plantea esta posibilidad en un futuro. Lo normal en los sujetos que se encuentran en este estadio es mostrarse reacios a cambiar su actitud (Prochaska y cols., 1992).
- *Estado de contemplación.* Aquí los individuos valoran la posibilidad de comenzar a realizar ejercicio físico, pero no lo hacen. Aún los sujetos incurren en el sedentarismo pero son conscientes de que este comportamiento es la causa de sus problemas, dándose cuenta de que deben solucionarlo para lo cual necesitarán ser motivados (Prochaska y cols., 2001).
- *Estado de preparación.* Es cuando el sujeto empieza a hacer AF de forma no regular (Prochaska y Velicer, 1997).
- *Estado de acción.* El sujeto lleva realizando AF desde hace 6 meses, se requiere un gran compromiso por parte de la persona y es el momento donde el reconocimiento de los demás se hace más visible, debido al esfuerzo evidente que se está realizando (Prochaska y cols., 1992; Patten y cols., 2000).
- *Estado de mantenimiento.* Es el último estado de cambio, la persona ha superado la barrera de los 6 meses de práctica de AF de forma continuada. Ahora se trabaja para prevenir la recaída y asegurar los beneficios fruto de este cambio de conducta (Prochaska y cols., 1992; Prochaska y Velicer, 1997).

Una aproximación para fomentar la promoción y el mantenimiento de la AF entre los niños podría ser estructurar las intervenciones, utilizando como marco conceptual el Modelo Transteórico, que concibe el cambio conductual como un proceso que implica una progresión a través de distintas etapas (Hausenblas y cols., 2002).

Marchall y Biddle (2001), en sintonía con Prochaska y Marcus (1994), determinaron que el nivel de autoeficacia percibida disminuía a media que se avanzaba del estado de precontemplación al de mantenimiento.

2.5. BARRERAS QUE OBSTACULIZAN LA MOTIVACIÓN Y/O PRÁCTICA DE ACTIVIDAD FÍSICA

Los diferentes estudios realizados sobre el fenómeno de la AF confirman la existencia de determinadas dimensiones que obstaculizan la aparición de esta conducta, que se denominan de forma genérica *barreras*. La intención de practicar AF, junto con la dificultad propia para llevarla a cabo, son los mejores predictores de las conductas relacionadas con la salud y el ejercicio físico. Para los modelos ecológicos el contexto en el que se desenvuelve una determinada conducta puede contribuir de forma sustancial en la frecuencia e intensidad de la misma (Sallis y Owen, 1999). Para Crawford y Godbey (1987), existen tres tipos de barreras, las externas o estructurales, las internas al individuo y las sociales o de relaciones interpersonales.

Es importante identificar y definir perfectamente estas barreras ya que aquellos individuos que perciben menos obstáculos son más activos físicamente (Pate y cols., 2005), siendo el principal impedimento la falta de tiempo y el desinterés (Tappe, Duda y Ehrnwald, 1989). Dichas barreras pueden estar relacionadas con la falta de tiempo, falta de dinero, tener que hacer otras cosas, aburrimiento, falta de confianza en uno mismo, coste de las actividades, miedo a lesionarse, etc. Factores también limitantes de la participación en una determinada AF son el coste y la accesibilidad a las actividades, falta de conocimiento de la oferta disponible, la propuesta de una oferta inadecuada y recelo que supone integrase en grupos de desconocidos fuera del ámbito escolar (Health Education Authority, 1997). Entre las actividades que surgen como alternativa a la práctica de AF entre la población infantil se encuentra el consumo de la televisión en el hogar.

En general, la mayor parte de los estudios ponen de manifiesto que la accesibilidad a las instalaciones y programas de AF, como el tiempo que los adolescentes pasan en la calle, se relaciona positivamente con el nivel de práctica de AF que presentan. Del mismo modo, se aprecia que actitudes sedentarias como el visionado de la televisión, restan tiempo de práctica de AF (Dietz y Gortmaker, 1985; Kimm y cols., 1996).

2.6. INTERÉS SOCIAL POR EL DEPORTE

Las motivaciones de los practicantes en actividades físicas han sido objeto de estudio por muchos investigadores, Luke (1991) estableció los componentes del currículum de EF como la influencia más importante a la hora de promocionar una actitud positiva en los niños, siendo el ejercicio físico un elemento integrante y relacionador de la educación, la socialización y la cultura (Zagalaz, Martínez y Latorre, 2005). Los aspectos más valorados por el alumnado hacia la educación física son el equipamiento deportivo, junto con las destrezas deportivas, como la carrera y las relaciones y comportamientos con los compañeros.

Por su parte, Pieron y cols. (1999) afirmaron que para que los niños que practican AF lo sigan haciendo, en la adolescencia y en edades posteriores, es necesario que fluya en ellos una motivación intrínseca importante, basada en la diversión y el placer, la competencia percibida y la orientación hacia la tarea, aspectos todos ellos esenciales en la práctica de AF.

En la misma línea fueron los trabajos de Ponseti y cols. (1998) con adolescentes, donde como conclusiones fundamentales se extrajeron que *"los adolescentes con niveles elevados de práctica deportiva conceden mayor importancia al deporte, tienen motivos de práctica diferentes y actitudes más favorables hacia el deporte tanto de ocio como de competición"*.

La participación en programas de AF está relacionada con la manera en que los alumnos perciben la utilidad de dichos programas, cómo valoran el ejercicio, con qué frecuencia se ejercitan y qué cantidad de AF realizan, todo esto vendría dado puesto que los conceptos de salud y forma física influyen de forma evidente en los estilos de vida participativos de los adultos, más que en el aprendizaje de unas determinadas destrezas (Adams y Bryntenson, 1992). Estos mismos autores afirmaron que *"la naturaleza y el tipo de los programas de actividad física relacionados deben influir en el tipo de actividad que los alumnos eligen para participar después de su graduación"*, no debiendo olvidar que las personas activas lo suelen ser a lo largo de toda su vida y que las sedentarias perpetúan su actitud con independencia de las circunstancia que les rodean. Por tanto, la influencia que ejerce la propia historia de AF de cada individuo para determinar en nivel de práctica actual es bastante elevada (Sánchez Barrera y cols., 1995; Blasco y cols., 1996).

En base a los estudios de García Ferrando y CIS (2001) el interés de los españoles por el deporte ha aumentado con el paso de los años, sobre todo en el grupo de sujetos que dicen tener bastante interés, y ha decrecido el porcentaje de individuos que afirman no sentir nada de interés por el deporte y la práctica de AF. En la tabla 2 se puede apreciar el cambio que ha experimentado esta tendencia.

Tabla 2. Evolución del interés de los españoles por el deporte desde 1975-2000. Modificado de García Ferrando y Centro de Investigaciones Sociológicas (CIS) (2001). Datos expresados en porcentaje.

Interés por el deporte	1975	1980	1985	1990	2000
Mucho	18	15	20	23	17.6
Bastante	32	33	39	42	42.2
Poco	22	27	25	23	25.3
Nada	28	22	15	11	14.7
No contesta	0	2	1	1	2

2.7. MOTIVACIONES HACIA LA PRÁCTICA DE ACTIVIDAD FÍSICA. ENFOQUE GLOBAL

La mayoría de los autores coinciden en afirmar que los jóvenes tienen motivos de práctica de actividad físico-deportiva muy parecidos, tanto si su interés se centra en el deporte competición o en el recreativo, destacando entre todos el componente lúdico y de diversión, así como la mejora de la salud. Las diferencias por género determinan que los varones se aproximan más a motivos relacionados con el resultado, competición, desafíos y recompensas. En cambio, las chicas se mueven más por el componente social y afectivo del deporte, como vehículo para fortalecer los lazos de amistad o la posibilidad de hacer nuevos amigos (Palou, Ponseti, Gili, Borras y Vidal, 2005). Respecto a la edad, se puede apreciar como los jóvenes valoran más la posibilidad de estar con sus amigos, satisfacer a sus padres, obtener recompensas, en comparación con sus semejantes de edad más avanzada (Castillo y Balaguer, 2004).

Chen (1998), realizó un estudio sobre los principales motivos para la participación en la AF y ejercicios sobre 289 estudiantes chinos en China y 180 estudiantes en Estados Unidos. Se constató que la interacción social es el principal motivo de los hombres, y las mujeres chinas se preocupaban más por su peso corporal. Según Grubbs y Carter (2002) en su estudio sobre los hábitos de ejercicio físico regular, aplicado a 147 estudiantes universitarios, se comprobó que estaban relacionados con el rendimiento físico y la apariencia. La AF se asocia con una mejora de la autoestima y la imagen corporal. Los hombres se refieren a tamaño, fuerza y potencia, mientras que las mujeres están muy interesadas en el control del peso para mantener una esbelta figura (Tergerson y King, 2002), inducido muchas veces por los medios de comunicación (Kamarudin y Omar-Fauzee, 2007).

Jara (1997) diferencia los motivos que inducen a la práctica de AF en función de la edad de los sujetos, pudiéndose destacar las siguientes afirmaciones:

- De los 8-11 años el principal deseo es la mejora de las habilidades y el reconocimiento social, sobre todo el de los padres y entrenadores.

- De los 11-13 años la competencia y comparación social como elemento motivador se hace más evidente.

- De los 13-17 años la mayor motivación la encuentran en la competencia y el aumento de los aprendizajes.

La adolescencia es un momento clave para abordar las diferentes motivaciones que afectan a los sujetos, ya que es un periodo de muchos cambios, donde el reconocimiento y la competencia se hacen muy significativos (Ponseti y cols., 1998; Weinberg y Gould, 1996). Un estudio de Castillo y Balaguer (2004) determinó que las principales motivaciones de práctica en la población adolescente, estaban relacionadas con la aprobación social y la necesidad de demostrar habilidades, los motivos de salud, sobre todo en el colectivo femenino, y los motivos de afiliación. De hecho, como datos globales en su trabajo, el 80% de los adolescentes manifestaba realizar actividad físico-deportiva por razones de salud, bajando el porcentaje hasta el 60% cuando se esgrimían motivaciones socioafectivas.

Como se viene diciendo, en la adolescencia la motivación es un elemento muy complicado y variado de analizar (Duda, 1995). Dentro de los principales resortes que incitan a participar en diferentes actividades encontramos el competir, mejorar su aspecto físico, experimentar beneficios psicológicos, el reconocimiento social, evitar enfermedades, aumentar la agilidad, flexibilidad, etc. Reforzando esta teoría, Torre (1998) llega a la conclusión de que las principales motivaciones que mueven a los adolescentes a la hora de practicar AF están relacionadas con el deseo de estar saludable, divertirse y tener algo en que invertir el tiempo de ocio. Por su parte, Rodríguez (2000) en un estudio llevado a cabo con jóvenes de entre 14 y 16 años, aparecen como motivos fundamentales de práctica físico-deportiva mantenerse en forma, estar físicamente bien, sentirse a gusto, mejorar su nivel, optimizar sus habilidades, poder competir, entrenarse, gusto por ganar y medir sus posibilidades con los demás compañeros.

El momento de consolidar los hábitos de vida suele ser antes de los 11 años de edad, pero entre los 13 y los 18 años es cuando al abandono de la práctica deportiva se hace más intenso, de forma que a los 17 años la mayor parte de los adolescentes abandona el deporte, porcentajes que rondan el 80% de los casos (Seefeldt y cols., 1989). Un estudio posterior, de Sallis (2000), afirmó que es ésta edad cuando se abandona la práctica de AF en proporciones más abultadas.

Los varones se muestran más interesados por la práctica físico-deportiva que las mujeres, circunstancia que fue analizada por García Montes (1997) cuando analizó el interés de las mujeres granadinas hacia la práctica deportiva. El Informe de la Juventud en España (2000) coincide con el estudio de García Montes (1997) en que los chicos prefieren las actividades deportivas, siendo las que más les atraen jugar fuera de casa. En el lado opuesto nos encontramos a las chicas donde dichas actividades deportivas no aparecen entre sus preferencias.

Se ha constado que las personas físicamente más activas presentan mayor nivel de estudios, y que el interés por la práctica decrece conforme aumenta la edad de los sujetos, circunstancias ambas constatadas por los estudios de García Ferrando (1993), García Montes (1997), el Informe de la Juventud en España (2000) y Ruiz (2000). El nivel socioeconómico y cultural y los antecedentes familiares han mostrado correlaciones significativas en los niveles de práctica y con variables de tipo actitudinales. Por tanto, cuanto más aumenta el nivel socioeconómico, así como los hábitos del entorno familiar, los niveles de práctica deportiva y las actitudes hacia el deporte serán más favorables (Agustín, 1978; Hendry, 1978; Dishman, Sallis y Orensteins, 1985; Masnou, 1986; Willis y Campbell, 1992).

Si se ponen en relación las variables práctica de AF y la experiencia previa de los individuos se obtiene una alta correlación, no en vano existe una elevada progresión hacia el alto interés desde el

22% de los alumnos que nunca han recibido EF, hasta el 71% de los que sí han recibido en anteriores etapas educativas (Hernández, 1999). Dichas conclusiones vendrían a confirmar lo encontrado por García Ferrando (1993) y Ruiz (2000).

De una forma más gráfica Pavón (2001), en base a los estudios de Durand (1988) y Garcés de los Foyos y cols. (1995), identifica como 8 los indicadores más importantes para incitar al desarrollo de la práctica deportiva:

- Necesidad de autorrealización, buscando el reconocimiento social centrándose en conseguir la excelencia deportiva.

- Trabajo grupal que consolide y afirme la identificación dentro de una jerarquía de grupo.

- Búsqueda de forma física que otorgue buenas sensaciones corporales.

- Catarsis o liberación de energía de las tareas de la vida cotidiana.

- Introducirse en una dinámica grupal en el contexto deportivo.

- Desarrollo de las habilidades motrices.

- Búsqueda de distracción o esparcimiento.

A nivel europeo, los datos de referencia coinciden con los estudios de ámbito nacional, alegando como motivaciones principales la salud, la diversión y las relaciones sociales (Pieron y cols., 1999). En España, Balaguer y Castillo (2002) estudió los motivos de los adolescentes valencianos para practicar deporte, agrupándolos es tres dimensiones como eran: aprobación social y demostración de capacidad, motivos de salud y motivos de afiliación. Para los chicos, independientemente de la edad, las razones principales para practicar deporte eran motivos de aprobación social y de demostración de capacidad, con la indicación de que al aumentar la edad estas motivaciones perdían intensidad. Llama la atención, la gran importancia que le conceden las chicas, sobre todo las de 17 años, a los motivos de salud. Por su parte, los varones de 13 años veían los motivos de afiliación, como el determinante más relevante.

Según el estudio de Castillo y Balaguer (2004), el 80% de los jóvenes analizados dicen que el motivo de mejorar su salud es una razón muy importante por la cual hacen AF. Con el 60% de los casos le siguen motivos relacionados con la afiliación tales como divertirme y hacer nuevos amigos. Conforme se incrementa la edad de los sujetos los motivos ver a mis amigos y hacer nuevos amigos van perdiendo importancia para los adolescentes, sin embargo esto no sucede con divertirme que cada vez es más valorado.

Otra investigación, realizada con niños y adolescentes madrileños, determinó que el mantenimiento o la mejora de la salud se muestran como los motivos más importantes por los cuales la gente practica AF, y a su vez reconocen que sería la principal razón por las que ellos aconsejarían a sus amigos hacer deporte. La salud no es percibida siempre de la misma forma, de hecho, conforme los chicos se van haciendo mayores la relegan a cotas más bajas, en beneficio de todos aquellos motivos que están relacionados con el reconocimiento social. Además de éstos, hay que sumar motivos tales como: diversión con los amigos, la relación social, que lleva al conocimiento de otras personas, y la búsqueda de la superación personal.

2.8. MOTIVACIONES PARA EL INICIO Y/O MANTENIMIENTO DE LA PRÁCTICA DE ACTIVIDAD FÍSICO-DEPORTIVA

La realización de ejercicio físico de forma regular implica una modificación motivacional del sujeto, determinando así la aparición de razones para mantener la práctica de AF que no habían sido consideradas en el momento de iniciarla. Siendo estos resultados más evidentes en función del tiempo que lleven siendo físicamente activos los sujetos (Masachs y col., 1994). Muchos autores coinciden, con Reyes y Garcés de los Fayos (1999), en que la salud y la interacción social son unos de los principales motivos por los que la gente practica actividad físico-deportiva. Pero los motivos para iniciarnos en un programa deportivo no coinciden con los que se atribuyen al mantenimiento en el mismo.

Como se desprende del estudio de Torre (1998), en la iniciación deportiva las principales motivaciones son la autoestima y el interés competitivo, mientras que para la mujer son el afán por la aventura, el deseo de sobresalir y la preocupación por la salud física.

En las motivaciones expresadas por los jóvenes como razón para iniciarse y mantener una vida activa no aparecen diferencias significativas según el sexo de los individuos. Pero sí existen diferencias al analizar los motivos por los que mantienen su práctica de AF, según se trate de por diversión y ocio, o por mantenerse en forma (Ponseti y cols., 1998). Castillo y Balaguer (2004) determinan que los motivos más importantes para los jóvenes de cara a practicar deporte son: mejorar su salud, divertirme, estar en buena forma y hacer nuevos amigos. En el lado contrario tenemos: ganar, ser como una estrella del deporte y agradar a sus padres.

Incrementando la edad de los sujetos objeto de estudio, y con una muestra de universitarios, se afirma que experimentar riesgo y emoción, motivos estéticos y expresivos, eliminar tensiones, porque les gusta el ejercicio prolongado e intenso, por ganar, por demostrar sus habilidades y por competir, son las principales motivaciones que mueven a los universitarios americanos para seguir algún programa de AF. Se concluyó que los motivos de salud y condición física eran los más importantes, tanto en varones como en mujeres. La diferencia entre los géneros radica en que las mujeres se preocupan más por las experiencias sociales y en cambio los hombres centran su atención en todo lo relacionado con la competición.

García Ferrando (1996) también analizó a los universitarios españoles y como motivos principales para realizar AF estos aducen: por diversión y pasar el tiempo libre, por hacer ejercicio físico y porque les gusta el deporte. Coincidiendo con estas conclusiones, tenemos los datos obtenidos por Llopis y Llopis (1999b) entre valencianos de 18-24 años de edad, donde el primer motivo por el que practican AF es por diversión y pasar el tiempo. Siguiendo con los universitarios españoles, pero ahora con los murcianos, Reyes y Garcés de los Fayos (1999) afirma que porcentajes superiores al 50% de los encuestados se iniciaron a los 10 años de edad y otro 30% entre los 6-8 años, estamos hablando de los no practicantes. En este estudio se analizan los motivos para iniciarse en la práctica de actividad física, de entre los principales contamos con mejorar la salud o el aspecto físico, estar con los amigos y mejorar las habilidades físicas y técnicas. Los sedentarios, consideran que los motivos por los cuales se iniciarían en la AF serían mejorar la salud o aspecto físico, perfeccionar las habilidades físicas o técnicas y, en último lugar, estar con los amigos.

Martín (1997), analizó la práctica deportiva de universitarios, de los cuales el 51% mantuvo su nivel de participación deportiva, siendo los hombres más persistentes que las mujeres. En cambio, en cuanto a las razones para el mantenimiento o abandono de la práctica deportiva no había diferencias significativas entre ambos géneros. La principal razón aducida para mantener sus niveles de participación es la satisfacción personal, incluyendo en esta categoría el desarrollo de la disciplina, el mantenimiento de la salud, los sentimientos de realización, los beneficios obtenidos de la competición y la disminución del estrés. Las diferencias significativas se encontraron cuando los sujetos fueron preguntados por el interés que les suscita el conseguir una beca deportiva y llegar a la alta competición, aquí los hombres se muestran más motivados que las mujeres.

ESTUDIO SOBRE LAS MOTIVACIONES DE LOS ADOLESCENTES HACIA LA PRÁCTICA DE ACTIVIDAD FÍSICA

1. DISEÑO

Existen evidencias científicas que constatan los beneficios que aporta la práctica de AF para la salud, tanto a nivel físico (Cantera y Devís, 2002; Kamarudin y Omar-Fauzee, 2007) como psicológico (Van Praagh, 2002), así como los perjuicios producidos por hábitos inadecuados derivados del sedentarismo (Bailey, 2006; Hancox y Poulton, 2006; Martínez-González, 2000). A pesar de que la población dispone de información general sobre los anteriores aspectos, en los últimos tiempos han aumentado los hábitos de vida poco saludables, que contribuyen a una pérdida progresiva de la calidad de vida de los jóvenes, como por ejemplo en incremento de peso (Cantera, 1997; Castillo y Balaguer, 1998; Ceballos, 2001; Sallis, Prochaska y Taylor, 2000; Márquez y cols., 2003), pérdida de salud (Devis y cols., 2000; Arruza y cols., 2008; Valois, Umstattd, Zullig y Paxton, 2008) y el aumento del sedentarismo (Martínez, 2000; Marshall, Biddle, Gorely, Cameron y Murdey, 2004; Kautiainen, Koivusilta, Lintonen, Virtanen y Rimpela, 2005; Román, Serra, Ribas, Pérez y Aranceta, 2008).

Todo lo anterior representa un problema complejo que requiere de información precisa y con el valor científico suficiente para acometer medidas de solución. La presente investigación tiene como punto de partida el estudio de un amplio espectro de variables que pueden estar directamente relacionadas con el sedentarismo, disminución de la actividad física, y la pérdida de calidad de vida en los adolescentes.

Se trata de un estudio descriptivo, cuantitativo, y de corte transversal en poblaciones mediante encuestas (Montero y León, 2007). Se realizó un muestreo aleatorio por conglomerados y estratificado con afijación simple. La justificación principal de este estudio, está dirigida a conocer cómo se manifiestan estos parámetros de bienestar y estilos de vida saludables en escolares andaluces de entre 13 y 16 años, durante el curso escolar 2008-2009.

2. OBJETIVOS

Para la elaboración del presente trabajo de campo se han formulado dos tipos de objetivos: Generales y específicos.

Objetivos Generales. Son las directrices fundamentales que van a dirigir la investigación. En el presente estudio se formularon los siguientes:

- Cuantificar el nivel de práctica de actividad física semanal del alumnado adolescente de Andalucía.

- Conocer las motivaciones de los estudiantes hacia la práctica de la actividad física, tradicionalmente asociados a mejorar sus relaciones sociales, habilidades, capacidad física o su apariencia.

Objetivos Específicos. Representan los pasos a realizar para alcanzar el objetivo general mediante el establecimiento de una serie de etapas fundamentales. Derivan del objetivo general e inciden en los logros a conseguir. Más concretamente se establecieron los siguientes:

- Cuantificar la práctica de actividad física diaria del alumnado, tanto en periodo escolar como extraescolar.

- Diferenciar los niveles de práctica de AF y las motivaciones hacia la práctica de AF en función de las variables género, edad, tipo de centro, población, IMC, morfotipo, nivel de AF y salud.

- Clasificar a los adolescentes participantes en función de su índice de masa corporal, según las curvas y tablas de crecimiento de Orbegozo (Instituto de investigación sobre el crecimiento y desarrollo, 2004).

- Analizar la correlación de resultados de información que estiman el nivel de AF y motivaciones hacia la práctica de AF.

- Comparar nuestros resultados con los obtenidos de los estudios HBSC 2002 y 2006 de la Organización Mundial de la Salud.

- Contrastar nuestros datos con los obtenidos en otras investigaciones, tanto de ámbito nacional como internacional.

3. PARTICIPANTES

Participaron 2293 adolescentes escolares de Educación Secundaria Obligatoria (ESO) de la Comunidad Autónoma Andaluza. Las edades de los escolares se encuentran entre 13 y 16 años, y pertenecen al primer y segundo ciclo (1º a 4º curso de ESO). La investigación se llevó a cabo durante el año escolar 2008-2009.

A continuación se exponen los datos de la muestra en función del sexo, edad, curso, tipo de centro (público, privado), población (rural, urbano), provincia, IMC y nivel de AF de los participantes (Tabla 3).

Tabla 3. *Reparto muestral según el género, edad, curso, tipo de centro, población, provincia, IMC y nivel de AF. Datos expresados en porcentaje.*

Género	Masculino				Femenino			
	50.2				49.8			
Edad	13 años		14 años		15 años		16 años	
	33.2		25		26.2		15.6	
Curso	1º ESO		2º ESO		3º ESO		4º ESO	
	25.2		26.7		24.5		21.6	
Tipo de Centro	Público				Privado			
	56.4				43.6			
Población	Rural				Urbano			
	69.6				30.4			
Provincia	Almería	Cádiz	Córdoba	Granada	Huelva	Jaén	Málaga	Sevilla
	10.2	12.5	6.8	4.5	17.4	30	6	12.5
IMC	Normopeso				Sobrepeso		Obesidad	
	83.6				9.2		7.2	
Nivel de AF	Activos				Inactivos			
	45.2				54.8			

A continuación se expresa de forma gráfica los resultados de clasificación de la muestra:

Género. El análisis muestral refleja un ligero predominio del sexo femenino con el 50.2% (n=1.150) en relación al 49.8% (n=1.143) de los chicos.

Edad. La muestra presenta una edad media de 14.18 (±1.28) años. Como se puede apreciar (Figura 2) el grupo más numeroso es el de 13 años con el 33.2% (n=762), seguido por el de 15 años con el 26.2% (n=600), en tercer lugar está el de 14 años que representa al 25% (n=574) y en última posición el de 16 años con el 15.6% (n=357).

Curso. El grupo con mayor representación es 2º ESO con el 28.7% (n=657), seguido de 1º ESO con el 25.2% (n=578), de 3º ESO con el 24.5% (n=561) y de 4º ESO con el 21.6% (n=497).

Tipo de centro. En base a la titularidad del centro el reparto muestral refleja que los centros públicos contribuyen con el 56.4% (n=1.293) y los privados con el 43.6% (n=1.000).

Población. Según el lugar de origen de la población, el 69.6% (n=1.597) pertenece al ámbito urbano y el restante 30.4% (n=696) corresponde al entorno rural.

Provincia. Elreparto de la muestra según la provincia de pertenencia. Determinándose la siguiente distribución de mayor a menor representación: Jaén aporta el 30% (n=689), Huelva el 17.4% (n=400), Cádiz el 12.5% (n=287), Sevilla el 12.5% (n=287), Almería el 10.2 % (n=234), Córdoba el 6.8% (n=155), Málaga el 6% (n=137) y Granada el 4.5% (n=104).

Índice de Masa Corporal. Como se puede apreciar en la figura 7 el IMC permitió una clasificación de los participantes en normopeso con el 83.6% (n=1.916), sobrepeso con el 9.2% (n=212) y obesidad con el 7.2% (n=162).

Se tuvieron en cuenta las curvas y tablas de crecimiento de Orbegozo (2004). Fueron clasificados como sujetos con sobrepeso aquellos que presentaban un IMC igual o superior al percentil 85 (P_{85}) y obesos aquellos cuyo IMC era igual o superior al percentil 95 (P_{95}) [Curvas y tablas de crecimiento. Estudio longitudinal y transversal 2004. Instituto de investigación sobre el crecimiento y desarrollo. Fundación Orbegozo] (Tabla 4).

Tabla 4. *Datos de referencia para la distribución de los adolescentes según el sobrepeso y la obesidad. Clasificación por género y edad.*

Género	Edad	Sobrepeso P_{85}	Obesidad P_{95}
Varones	13	23.47	25.67
	14	24.37	26.68
	15	25.33	27.74
	16	26.11	28.57
Mujeres	13	23.58	25.67
	14	24.21	26.26
	15	24.91	26.96
	16	25.38	27.43

Nota: *Los valores incluidos en la tabla y correspondientes a cada edad se refieren al resultado promedio de la edad.*

Actividad Física. Se clasificaron los participantes en función de la AF semanal realizada. Se utilizó el cuestionario MVPA (Prochaska, Sallis y Long, 2001). El 54.8% (n=1.256) de los adolescentes fueron clasificados como inactivos, quedando el 45.2% restante (n=1.034) como activos (Figura 8).

Como se puede apreciar en la tabla 5 de la totalidad de centros andaluces que ofertan educación secundaria, la red pública contribuye con 1.199 (72%) y la privada con 464 (28%), sumados ambos grupos da un total de 1.663 centros. El número medio de alumnado por centro es de 25.7, siendo superior en los privados (27.5) que en los públicos (25.2).

Tabla 5. Datos relativos al número de alumnado matriculado, de centros y media de alumnado por centro de Educación Secundaria Obligatoria. Curso académico 2008-2009. Desglose por provincias andaluzas y titularidad del centro.

Tipo de centro		Andalucía	Provincias							
			Almería	Cádiz	Córdoba	Granada	Huelva	Jaén	Málaga	Sevilla
Nº de alumnado matriculado en ESO	Todos	383.194	31.179	57.527	37.775	43.091	23.792	34.391	67.044	88.402
	Públicos	290.416	26.877	42.818	28.847	30.324	19.639	27.067	49.194	65.650
	Privados	92.778	4.302	14.702	8.928	12.767	4.153	7.324	17.850	22.752
Nº de centros que imparten ESO	Todos	1.663	142	239	171	224	118	177	268	324
	Públicos	1.199	118	160	121	165	95	140	185	215
	Privados	464	24	79	50	59	23	37	83	109
Nº medio alumnado de ESO por centro	Todos	25.7	25.8	25.8	25.5	25.2	24.3	25	26.1	26.3
	Públicos	25.2	25.6	25.4	25.1	24.3	24	24.5	25.4	25.8
	Privados	27.5	27.4	27.3	27	27.5	26.3	27.3	28.1	27.5

Fuente: Servicio de Estadísticas de la Consejería de Educación de la Junta de Andalucía (2009).

Se eligieron centros de capitales de provincia, rurales y urbanos, así como públicos y privados. De entre todos aquellos centros de Andalucía que expresaron un interés favorable en participar en la investigación, se escogieron 9 centros públicos que representaron el 56.4% (n = 1.293) de la muestra y 7 centros privados con el 43.6% (n = 1.000). La distribución de los centros participantes en el estudio queda reflejada en la tabla 6.

Tabla 6. *Centros educativos participantes en la investigación. Clasificación en función de la localidad, tipo (público, privado) y población (rural, urbana) de pertenencia.*

Provincia	Características del centro			
	Nombre	Localidad	Tipo	Población
Almería	IES Galileo	Almería	Público	Urbano
	IES Azahar	Antas (Almería)	Público	Rural
Cádiz	CDP Amor de Dios	Cádiz	Privado	Urbano
Córdoba	CDP María Inmaculada	Córdoba	Privado	Urbano
	CDP Ntra. Sra. de la Piedad	Córdoba	Privado	Urbano
Granada	IES Cartuja	Granada	Público	Urbano
Huelva	IES Dolmen del Soto	Trigueros (Huelva)	Público	Rural
	CDP Colón Hermanos Maristas	Huelva	Privado	Urbano
	IES Aznalcollar	Aznalcollar	Público	Rural
Jaén	IES Mateo Fco. de Rivas	Jabalquinto (Jaén)	Público	Rural
	IES Abula	Vilches (Jaén)	Público	Rural
	Colegio Acell S.C.A.	Linares (Jaén)	Privado	Urbano
	Colegio la Presentación	Linares (Jaén)	Privado	Urbano
	IES Reyes de España	Linares (Jaén)	Público	Urbano
Málaga	IES Doña Salvadora Muñoz	Villanueva de las Algaidas (Málaga)	Público	Rural
Sevilla	CDP Salesianos de San Pedro	Sevilla	Privado	Urbano

Nota: IES (Instituto de Educación Secundaria), CDP (Centro Docente Privado).

El universo poblacional de estudiantes de Educación Secundaria Obligatoria de la Comunidad Autónoma Andaluza está compuesto por 383.194 matriculados. Las características propias de la población se presentaron en la tabla 6 anteriormente expuesta.

La muestra utilizada para el estudio es representativa del universo poblacional de jóvenes adolescentes de Andalucía, con un nivel de confianza del 95% y un error máximo de 0.03. Para realizar el cálculo del tamaño muestral se tuvo en cuenta la fórmula de Nortes Checa (1991). Se fijó inicialmente el error máximo admitido y el nivel de confianza. Una vez determinado el error máximo admisible e, y el coeficiente k correspondiente al nivel de confianza pk se obtiene el siguiente tamaño muestral para estimar la proporción:

$$e = k \sqrt{\frac{pq}{n}} \sqrt{\frac{N-n}{N-1}} \Rightarrow e^2 = k^2 \frac{pq}{n} \cdot \frac{N-n}{N-1}$$

donde: $k = z_{\frac{\alpha}{2}}$ Despejando se obtiene:

$$n = \frac{k^2 \cdot pq \, N}{e^2 \, (N-1) + k^2 \cdot pq}$$

Teniendo en cuenta que el valor máximo de pq = 1/4, la ecuación final utilizada quedó de la siguiente forma:

$$n = \frac{k^2 \, N}{4 \, e^2 \, (N-1) + k^2}$$

La anterior ecuación fue programada en la hoja de cálculo Excel y se realizaron aproximaciones hasta concretar el tamaño muestral citado al inicio del presente epígrafe.

4. INSTRUMENTOS

Para obtener la información del alumnado se utilizó el cuestionario como instrumento de medida. Uno de los aspectos más valorados del cuestionario es que permite las comparaciones entre los individuos y los países, es una técnica no invasiva y está diseñado para asegurar la integridad del individuo y su anonimato, y puede ser administrado con eficiencia. Como punto débil, un cuestionario limita la profundidad y cobertura de las medidas con respecto a métodos más cualitativos.

Se utilizó un paquete de cuestionarios encaminados a conocer los aspectos relacionados con la opinión de los alumnos sobre la AF, motivaciones hacia la práctica de AF, la salud y la imagen corporal. A los cuestionarios elegidos en idioma extranjero se les aplicó el proceso conocido como traducción inversa. Se tradujeron primero al español, y después se enviaron a profesionales especializados para que a partir de la traducción a nuestro idioma, los volviesen a traducir al inglés y comprobar así que el proceso de validación de traducción es correcto. Finalmente, los cuestionarios utilizados fueron:

- Cuestionario sobre la actividad física semanal. *"A physical activity screening measure for use with adolescents in primare care"* (Prochaska, Sallis y Long, 2001).

- Escala de Medida de los Motivos para la Actividad Física-Revisada en españoles: diferencias por motivos de participación (Moreno, Cervelló y Martínez, 2007).

- Cuestionario sobre la salud y bienestar. Questionnaire of health and well-being (Torsheim, Välimaa y Danielson, 2004).

- Cuestionario sobre la imagen corporal. Questionnaire about body image and weight control (Mulvihill, Németh y Vereecken, 2004).

4.1. CUESTIONARIO SOBRE LA ACTIVIDAD FÍSICA SEMANAL. A PHYSICAL ACTIVITY SCREENING MEASURE FOR USE WITH ADOLESCENTS IN PRIMARE CARE (PROCHASKA, SALLIS Y LONG, 2001)

Consistió en responder a 2 ítems que solicitan información sobre práctica de AF de moderada a vigorosa, realizada al menos durante una hora al día en la semana anterior y en una semana típica. La escala de respuesta es tipo likert de 8 opciones.

Las preguntas fueron precedidas por las siguientes definiciones: la AF es cualquier actividad que aumenta el ritmo cardíaco y provoca una respiración más acelerada. Algunos ejemplos de AF son caminar de forma ligera, montar en bicicleta, bailar, nadar, fútbol, baloncesto, patinar y surf, entre otras.

- 1.- En los últimos 7 días, ¿en cuántos hiciste, al menos, 60 minutos de actividad física?

- 2.- En una semana cualquiera, ¿cuántos días hiciste, al menos, 60 minutos de actividad física?

La escala de respuesta fue la misma para todos los ítems: 1 = cero días, 2 = un día, 3 = cuatro días, 4 = tres días, 5 = cuatro días, 6 = cinco días, 7 = seis días y 8 = siete días.

4.2. ESCALA DE MEDIDA DE LOS MOTIVOS PARA LA ACTIVIDAD FÍSICA-REVISADA EN ESPAÑOLES: DIFERENCIAS POR MOTIVOS DE PARTICIPACIÓN (MORENO, CERVELLÓ Y MARTÍNEZ, 2007)

El cuestionario original (Moreno y cols., 2007) pretende valorar los motivos por los que los adolescentes llevan a cabo práctica deportiva. Está formado por 30 ítems con una escala de respuesta tipo Likert de 7 opciones agrupados en 5 factores (disfrute, apariencia, social, fitness y competencia) que explican un 69.36% de la varianza. La fiabilidad de cada factor es de .84, .87, .81, .80 y .85 respectivamente. De todos ellos, los autores eliminaron el ítem 25 ("Porque quiero estar bien para desarrollar mi actividad") y el 28 ("Para buscar la aceptación de los demás") porque tras un análisis factorial exploratorio inicial no se alcanzó el nivel de saturación adecuado de 0.40 (Stevens, 1992).

En nuestro estudio se utilizó el mismo instrumento (28 ítems) descrito en el párrafo anterior. Tras obtener los resultados de las respuestas emitidas por los participantes, se realizó un análisis factorial empleando el método de componentes principales y rotación varimax. Se obtuvieron 4 factores con autovalores mayores a 1 que explicaban el 63.89% de la varianza de las puntuaciones obtenidas. El valor obtenido en la prueba de adecuación muestral de Kaiser-Meyer-Olkin (KMO = 0.967) y en el test de esfericidad de Bartlett (42084.39, sig.= 0.000) refrendaron la adecuación del procedimiento seguido (Tabla 10). La interpretación de los 4 factores (tabla 11) obtenidos se ajustó a aspectos relacionados con disfrute social del niño, la mejora de la competencia en el deporte, el fitness (mejorar la salud) y tener una apariencia más atractiva, obteniéndose en cada uno de ellos una varianza explicada de 21.47%, 15.69%, 15.37% y 11.35% respectivamente. La explicación de varianza total del cuestionario ascendió al 63.89%. Los coeficientes de fiabilidad obtenidos en cada una de las dimensiones por medio del estadístico alpha de Cronbach fueron 0.92, 0.89, 0.87 y 0.82 conforme al orden descrito. El coeficiente de fiabilidad global del cuestionario fue de 0.95.

La escala de respuesta fue la misma para todos los ítems: 1 = totalmente en desacuerdo, 2 = en desacuerdo, 3 = ligeramente en desacuerdo, 4 = ni de acuerdo ni en desacuerdo, 5 = ligeramente de acuerdo, 6 = de acuerdo y 7 = muy de acuerdo.

4.3. CUESTIONARIO SOBRE LA SALUD Y BIENESTAR. QUESTIONNAIRE OF HEALTH AND WELL-BEING (TORSHEIM, VÄLIMAA Y DANIELSON, 2004)

Pretende extraer información sobre el estado de salud de los adolescentes. En algunos casos, los autores usaron una lista de síntomas estándar para medir las quejas de salud subjetivas (ítem 2), y en otro (ítem 3) la satisfacción de la vida se derivó de la técnica de medición conocida como la escala de Cantril. Tiene 10 pasos: la cima de la escala indica la mejor vida posible, y el fondo la peor vida posible. A los jóvenes se les pidió que indicaran el lugar de la escala en que colocarían sus vidas en el presente. En esta escala, una puntuación de 6 o más era definida como un nivel positivo de satisfacción de vida. El cuestionario lo componen 3 ítems con una escala de 4, 5 y 11 opciones de respuestas.

- 1. Dirías que tu salud es.

Escala de respuesta: 1 = pobre, 2 = razonable, 3 = buena y 4 = excelente.

- 2.- En los últimos 6 meses, con qué frecuencia has tenido algo de lo siguiente: dolor de cabeza, dolor de estómago, dolor de espalda, estado triste, irritabilidad, mal humor, sentido nervioso, dificultades en conciliar el sueño y sentido vértigo.

Escala de respuestas: 1 = más o menos cada día, 2 = más de una vez por semana, 3 = más o menos todas las semanas, 4 = más o menos cada mes y 5 = casi nunca o nunca.

- 3.- Si en una escala, 10 es la mejor vida posible para ti, y 0 es la peor vida posible para ti. ¿Dónde sientes que estás situado/a en la escala?

Escala de respuestas: 1 = cero, 2 = uno, 3 = cuatro, 4 = tres, 5 = cuatro, 6 = cinco, 7 = seis, 8 = siete, 9 = ocho, 10 = nueve y 11 = diez.

4.4. CUESTIONARIO SOBRE LA IMAGEN CORPORAL. QUESTIONNAIRE ABOUT BODY IMAGE AND WEIGHT CONTROL (MULVIHILL, NÉMETH Y VEREECKEN, 2004)

Su objetivo es obtener información sobre la imagen del cuerpo, así como conocimiento del peso y talla del encuestado. Lo componen 4 ítems, dos de ellos con una escala de 4 y 5 opciones de respuesta, en los dos restantes se solicita información específica sobre peso y talla.

- 1.- Piensas que tu cuerpo es

Escala de respuesta: 1 = demasiado delgado, 2 = un poco delgado, 3 = con la talla correcta, 4 = un poco gordo y 5 = demasiado gordo.

- 2.- En el presente, ¿estás a dieta o haciendo algo para perder peso?

Escala de respuestas: 1 = no, porque estoy delgado, 2 = no, mi peso es correcto, 3 = no, pero yo debería perder algo de peso y 4 = sí.

Información sobre la altura y el peso de cada estudiante (estos datos fueron usados para calcular el IMC de los entrevistados).

- 3.- ¿Cuánto pesas sin ropa?
- 4.- ¿Cuánto mides sin zapatos?

5. PROCEDIMIENTO

Se envió de forma aleatoria invitación para participar en la investigación a un 13% de los centros de la CCAA andaluza, lo que representa 215 centros educativos. Se recibieron 30 respuestas afirmativas para la participación. Se seleccionaron los centros participantes, atendiendo a criterios de compatibilidad con parámetros del estudio (proporcionalidad de la muestra, variables sociodemográficas...) y accesibilidad.

Una vez escogido el instrumento de trabajo, se elaboró un dossier informativo, que fue remitido a cada uno de los centros seleccionados, compuesto por un cuestionario tipo dirigido al profesorado de EF (Anexo I), una carta informativa dirigida al Director del Centro (Anexo II) y Jefe del Departamento de Educación Física (Anexo III) y una hoja de consentimiento informado dirigida a los padres (Anexo IV). Con estos documentos se explicó el propósito de la investigación, a la vez que solicitaba su colaboración, tanto al centro y profesorado de EF como a los padres. Todo este material se envió por correo a 215 centros de Educación Secundaria Obligatoria de la Comunidad Autónoma Andaluza. Pasada una semana desde la fecha de envío se contactó telefónicamente con el profesorado de EF de cada uno de los centros elegidos, el objetivo principal fue aclarar dudas de todo lo relativo a la investigación, al tiempo que se le pedía personalmente su colaboración.

De la totalidad de los centros que se mostraron favorables a participar (30), se eligieron 16 teniendo en cuenta los criterios de compatibilidad, accesibilidad y representatividad de la muestra, abarcando las ocho provincias andaluzas. El siguiente paso fue concertar una cita con los responsables del área de EF para aunar criterios y analizar el cuestionario. Se pretende controlar las posibles deficiencias del instrumento, bien por utilización incorrecta del lenguaje, repetición de ítems, conceptos formulados de forma enrevesada, y todas aquellas cuestiones susceptibles de mejora.

Posteriormente, durante el plazo de una semana, se abordaron todas las sugerencias hechas por los docentes para optimizar el procedimiento. Se citó telefónicamente al equipo de trabajo, compuesto por el profesorado de EF, concretándose el número exacto de ejemplares necesarios requeridos por cada docente, que fueron enviados por agencia de mensajería, en el plazo máximo de una semana. Este encuentro fue aprovechado para determinar si podría existir algún problema de lenguaje con ciertos estudiantes, haciéndose hincapié que sólo participarían en la encuesta aquellos escolares que de forma expresa no hayan sido desautorizados por sus padres (mediante la hoja de consentimiento informado). Explicándole al profesorado de forma detallada su trabajo a realizar, en concreto se le informó que la duración máxima de la prueba sería de 25 minutos, se aconsejó que el alumnado estuviese en disposición de examen, para así impedir el intercambio de información entre los entrevistados, siendo el profesorado de EF el responsable de repartir los cuestionarios y de leer las instrucciones previas. En el caso de que surgiese alguna pregunta, sólo éstos docentes estaban autorizados a responderla. Se insistió en la necesidad de que la prueba se realizase en el aula normal de clase, para otorgarle más importancia, favoreciendo un clima de trabajo y disciplina. Normalmente la hora elegida coincidió con la correspondiente a la asignatura de EF.

El investigador principal disponía del horario del centro y sabía con antelación el día en que cada grupo iba a hacer la prueba. Llegado el día, los alumnos estaban sentados en su aula de clase, en disposición de examen. El docente responsable les entregaba a cada uno de los participantes un cuestionario boca abajo, al cual no podían dar la vuelta hasta que todos no estuviesen repartidos. A continuación, este docente leía las instrucciones previas para su cumplimentación y se informaba al alumnado de la necesidad de levantar la mano para aclarar dudas, con la intención de no interferir al resto de compañeros, así como la necesidad de leer detenidamente las preguntas y no dejarse ninguna sin contestar. Se les animó a que respondiesen de manera sincera, resaltando el carácter anónimo de la prueba.

Justo en el ecuador de la prueba, el profesorado informaba del tiempo restante y cuando éste tocaba a su fin se avisaba de su finalización, dejando un periodo extra de 5 minutos para revisar el trabajo. Los cuestionarios eran entregados individualmente, por orden de lista, y el profesorado era el responsable de revisarlos a fin de que no quedase ninguna pregunta sin contestar y/o evitar respuestas incorrectas.

Tras la recogida de todos los cuestionarios cumplimentados, el profesorado implicado contactaba telefónicamente con el investigador principal para acordar un punto y horario de recogida del material, el cual estaba empaquetado con los datos postales del centro escolar de referencia. Se propuso la posibilidad de incluir una hoja informativa, a rellenar por parte del profesorado de EF colaborador, donde quedarían registradas las principales incidencias y/o sugerencias, para en un futuro mejorar este procedimiento.

Paralelo a la recepción de los cuestionarios, toda la información fue almacenada en una base de datos creada a tal efecto. Cuando se completó este proceso se procedió al análisis estadístico de los datos.

6. ANÁLISIS ESTADÍSTICO Y VARIABLES DEPENDIENTES E INDEPENDIENTES

El tratamiento estadístico de los datos se realizó con el programa informático Statistical Package for the Social Sciences (SPSS) para Windows (versión 15.0). Se realizó análisis descriptivo de datos mediante análisis de frecuencias y Tablas de contingencia. Para el establecimiento de las posibles correlaciones se utilizó el análisis de correlación de Pearson. Para todos los análisis se utilizó el nivel de confianza convencional del 95%. Para la redacción de los resultados analizados se siguieron las indicaciones recogidas en Ramos, Moreno, Valdés y Catena (2008).

Variables del estudio

Se entiende por variable determinadas características, aspectos o cualidades en las que difieren los fenómenos o individuos entre sí. En la presente investigación las variables han sido divididas en dependientes e independientes. La variable dependiente es la característica que aparece o cambia cuando el investigador aplica, suprime o modifica la variable independiente. Por variable independiente se entiende la característica que el investigador observa o manipula deliberadamente para conocer su relación con la variable dependiente.

Variables dependientes (DV): Actividad Física (cantidad de práctica de AF de los sujetos durante la semana.

En la presente investigación se han utilizado estas variables dependientes para conocer las características/conductas que presentan los escolares andaluces en relación a la práctica de AF. La relación entre ambos tipos de variables nos permitirá establecer una clasificación de los estudiantes en función de éstos indicadores.

Variables explicativas o independientes (VI):

1. *Sexo.* Correspondiente al género de los sujetos.

2. *Edad.* Las edades de la muestra van desde los 13 a los 16 años. Quedando clasificados los sujetos con 13, 14, 15 y 16 años.

3. *Tipo de Centro.* Los centros escolares seleccionados son públicos o privados, abarcando éstos últimos tanto a los privados como a los concertados.

4. *Población.* Los centros objeto de estudio pertenecen a hábitat rural (poblaciones <10.000 habitantes) o urbano (poblaciones >10.000 habitantes), según los parámetros utilizados por el Instituto Nacional de Estadística (INE).

5. *IMC.* Hace referencia al índice de masa corporal de los sujetos (IMC = peso/talla^2). Se clasificaron los participantes como normopeso, sobrepeso y obesidad. Su clasificación se ajustó según las

Curvas y Tablas de Crecimiento del Estudio Longitudinal y Transversal 2004 llevado a cabo por el Instituto de Investigación sobre Crecimiento y Desarrollo (Fundación Faustino Orbegozo).

6. *Morfotipo*. Hace alusión a la composición corporal de los sujetos. Clasificados como endomorfos, mesomorfos y ectomorfos (Ogden, Flegal, Carroll y Johnson, 2002; Sheldon, Stevens y Tucker, 1940).

7. *Nivel de AF*. Los sujetos se clasificaron como activos, aquellos que hacen AF ≥ 5 días a la semana durante al menos 60 minutos diarios, e inactivos cuando destinan a la práctica de AF < de 5 días a la semana durante al menos 60 minutos diarios. Todo ello según los criterios de Prochaska, Sallis y Long (2001).

8. *Nivel de Salud*. La muestra fue clasificada con salud pobre/razonable o buena/excelente, obtenida en función de la pregunta primera pregunta del cuestionario sobre salud, en que se preguntaba a los sujetos sobre si su salud es pobre, razonable, buena o excelente. Así se utilizó esta clasificación como variable explicativa respecto a las variables dependientes.

RESULTADOS RELACIONADOS CON EL NIVEL DE PRÁTICA DE ACTIVIDAD FISICA

1. ACTIVIDAD FÍSICA

- A physical activity screening measure for use with adolescents in primare care (Prochaska, Sallis y Long, 2001). Cuestionario sobre la actividad física semanal.

Consistió en responder a dos ítems que solicitan información sobre práctica de AF de moderada a vigorosa, realizada al menos durante una hora en la semana anterior y en una semana típica. La escala de respuesta es tipo likert de 8 opciones.

Las preguntas fueron precedidas por las siguientes definiciones: La AF es cualquier actividad que aumenta el ritmo cardíaco y provoca una respiración más acelerada. Algunos ejemplos de AF son caminar de forma ligera, montar en bicicleta, bailar, nadar, fútbol, baloncesto, patinar, surf, etc.

- 1.- En los últimos 7 días, ¿en cuántos hiciste, al menos, 60 minutos de actividad física?

- 2.- En una semana cualquiera, ¿cuántos días hiciste, al menos, 60 minutos de actividad física?

La escala de respuesta fue la misma para todos los ítems: 1 = cero días, 2 = un día, 3 = cuatro días, 4 = tres días, 5 = cuatro días, 6 = cinco días, 7 = seis días y 8 = siete días.

1.1. GRADO DE PRÁCTICA DE ACTIVIDAD FÍSICA DURANTE AL MENOS 60 MINUTOS DIARIOS EN LOS ÚLTIMOS 7 DÍAS

1.1.1. Resultados generales

La opinión del alumnado en referencia a la práctica de AF ofrece una media de respuestas de 4.31 y la desviación típica de 2.07.

Porcentualmente, el valor máximo (21.5%) corresponde a los sujetos que destinan 2 días a la práctica de AF y el mínimo (6.3%) a los que invierten 6 días (Figura 1).

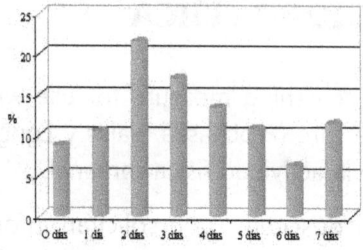

Figura 1. Resultados porcentuales generales de práctica de AF en los últimos 7 días.

1.1.2. Resultados diferenciados por variables (análisis de Tablas de contingencia)

A continuación se presentan los resultados obtenidos a partir del análisis de frecuencias mediante Tablas de contingencia:

1) Género.
2) Edad.
3) Tipo de centro.
4) Población.
5) IMC.
6) Morfotipo.
7) Nivel de AF.
8) Nivel de salud.

1.1.2.1. Resultados de Tablas de contingencia por género

Teniendo en cuenta lo recomendable que es practicar al menos 5 días a la semana, el 13.5% de los hombres practican 5 días a la semana por el 8.3% de las mujeres, manteniéndose estas diferencias conforme se incrementa la práctica de AF. En los tramos de mayor inactividad es donde las mujeres cobran más representación. Por ejemplo, 2 días a la semana lo practican el 25.4% de las mujeres por el 17.7% de los hombres y en la ausencia de práctica siguen siendo las chicas las mayoritarias con el 11.4%. Este análisis descriptivo se realizó mediante Tablas de contingencia utilizando como prueba de contraste de varianzas el test de Chi-cuadrado, manifestando diferencias significativas ($p=0.000$) entre el componente género, favorables al grupo de los hombres, siendo éstos los sujetos más activos (Figura 2).

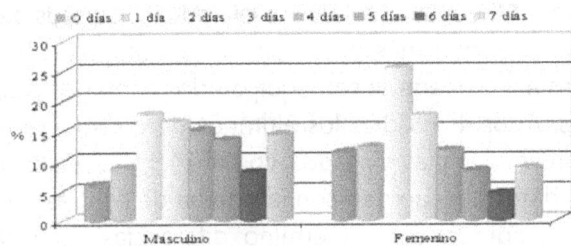

Figura 2. Resultados porcentuales de práctica de AF en los últimos 7 días Clasificación por género [masculino (n=1.143) y femenino (n=1.150)].

1.1.2.2. Resultados de Tablas de contingencia por edad

Por otra parte, la prueba de contraste de varianzas de Chi-cuadrado constató diferencias significativas ($p=0.045$), existiendo una clara tendencia favorable a los sujetos más jóvenes, puesto que presentan mayores niveles de AF que sus compañeros de edad más avanzada. Conforme se incrementa la edad de los sujetos desciende la práctica de AF, así a los 13 años el porcentaje de sujetos que dedica al menos 5 días a la semana a esta actividad es del 11.8%, valores siempre superiores a los de sus compañeros de mayor edad, e igual pasa con la práctica de 6 y 7 días. En el lado contrario aparecen los que destinan menos de 5 días semanales, aquí los porcentajes aumentan en los sujetos de mayor edad (Figura 3).

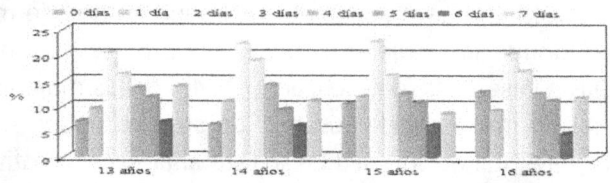

Figura 3. Resultados porcentuales de práctica de AF en los últimos 7 días. Clasificación por edad [13 años (n=762), 14 años (n=574), 15 años (n=600) y 16 años (n=357)].

1.1.2.3. Resultados de Tablas de contingencia por tipo de centro

La práctica de AF de los escolares revela que los sujetos de centros públicos son los que más practican AF durante 2 (22.8%) y 7 días (13.4%) días a la semana, si son equiparados con el 20 y el 9.1% de los privados. A los 4 y 5 días los alumnos de colegios privados tienen unos porcentajes más elevados, con el 14.3 y 12.1% respectivamente. Estos datos concuerdan con la prueba de contraste de varianzas de Chi-cuadrado que determinó diferencias significativas (p=0.012), en función del tipo de centro, favorables a los centros públicos (Figura 4).

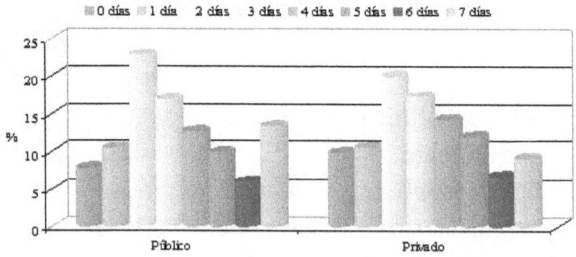

Figura 4. Resultados porcentuales de práctica de AF en los últimos 7 días. Clasificación por tipo de centro [público (n=1.293) y privado (n=1.000)].

1.1.2.4. Resultados de Tablas de contingencia por población

De la totalidad de la muestra, en las poblaciones rurales el 16.2% práctica 3 días semanales por el 17.5% de los urbanos, cuando la práctica asciende a 5 días los porcentajes son del 10.7 y del 11% respectivamente, y con 7 días los datos son del 13.7% y del 10.6% en ambos grupos poblacionales (Figura 5).

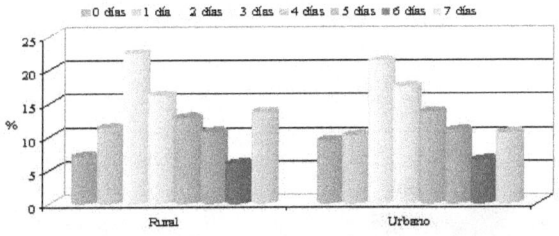

Figura 5. Resultados porcentuales de práctica de AF en los últimos 7 días. Clasificación por población [rural (n=696) y urbano (n=1.597)].

1.1.2.5. Resultados de Tablas de contingencia por IMC

El grupo que obtiene la mayor diferencia favorable cuando practican 2 días a la semana (24.7%) es el de los obesos. Para los 3 días de práctica el normopeso obtiene la mayor representación con un 20.3% por el 16.9% del normopeso y el 15.4% de la obesidad. A los 5 días sigue manteniéndose la misma distribución con porcentajes del 11.8%, del 10.9% y del 9.9% respectivamente. A los 7 días los datos son casi idénticos sobre todo entre el normopeso (11.8%) y el sobrepeso (11.3%) (Figura 6).

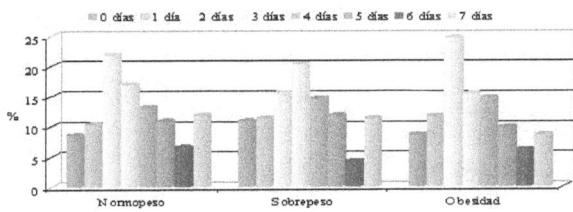

Figura 6. Resultados porcentuales de práctica de AF en los últimos 7 días. Clasificación por IMC [normopeso (n=1.916), sobrepeso (n=212) y obesidad (n=162)].

1.1.2.6. Resultados de Tablas de contingencia por morfotipo

Hasta los 2 días de práctica de AF incluidos, los registros más significativos los obtienen lo sujetos ectomorfos. Cuando se llega a los 3 días de práctica el mayor porcentaje corresponde a los sujetos endomorfos (18.2%) por delante de los mesomorfos (15.9%) y de los ectomorfos (17.3%). A partir de los 5 días semanales es cuando los mesomorfos toman la delantera con porcentajes del 11.8% en 5 días, del 6.8% a los 6 y del 13% a los 7 días (Figura 7).

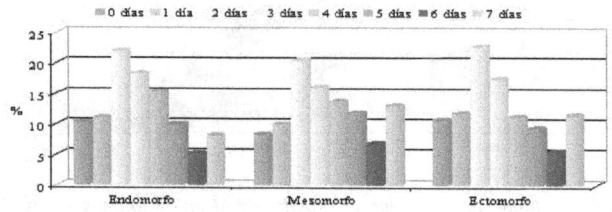

Figura 7. Resultados porcentuales de práctica de AF en los últimos 7 días. Clasificación por morfotipo [endomorfo (n=592), mesomorfo (n=1.024) y ectomorfo (n=375)].

1.1.2.7. Resultados de Tablas de contingencia por nivel de AF

Como se puede apreciar en la gráfica los mayores porcentajes de los sujetos inactivos coinciden con las cotas más bajas de práctica de AF, es decir, entre 0 y 3 días a la semana. En este rango los porcentajes fluctúan desde el 15.4% de los inactivos, en 0 días de práctica a la semana, hasta el 35% de los 2 días. A partir de los 4 días semanales los porcentajes para los activos se incrementan de forma notoria, yendo desde 11.5% de los 6 días hasta el 24% de los 4 y 7 días. Esto evidencia las diferencias estadísticamente significativas ($p=0.000$) encontradas entre ambos grupos, estimadas mediante la prueba de contraste de varianzas de Chi-cuadrado, manifestándose una tendencia favorable de práctica de AF entre los sujetos catalogados como activos (Figura 8).

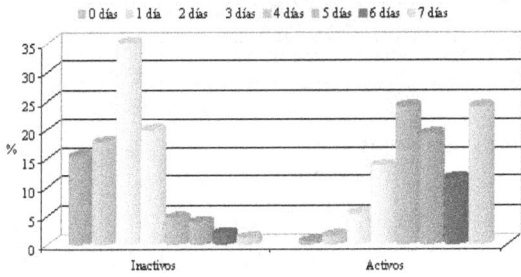

Figura 8. Resultados porcentuales de práctica de AF en los últimos 7días.
Clasificación por nivel de AF [inactivos (n=1.256) y activos (n=1.034)].

1.1.2.8. Resultados de Tablas de contingencia por nivel de salud

Las personas que tienen una salud más pobre practican menos AF que las más saludables, así los datos muestran como los indicadores son más elevados en éste grupo cuando se habla de una práctica inferior a 4 días a la semana. Los porcentajes van desde el 13.2% de 1 día a la semana hasta el 22.1% de 2 días. En el lado opuesto, los que tienen una salud fuerte, los informes empiezan a repuntar a partir de los 4 días de práctica de AF semanal, con cifras del 6.7% a los 6 días hasta el 14.1% de los 4 días. Mediante la prueba de contraste de varianzas de Chi-cuadrado se constatan diferencias significativas (*p*=0.000) de práctica de AF tendentes a los sujetos más saludables (Figura 9).

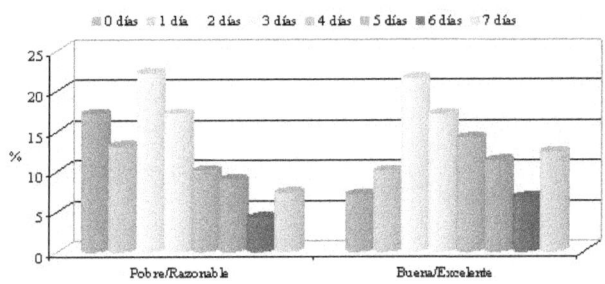

Figura 9. Resultados porcentuales de práctica de AF en los últimos 7 días. Clasificación por nivel salud [pobre/razonable (n=380) y buena/excelente (n=1.910)].

1.2. GRADO DE PRÁCTICA DE ACTIVIDAD FÍSICA DURANTE AL MENOS 60 MINUTOS DIARIOS EN UNA SEMANA CUALQUEIRA

1.2.1. Resultados generales

Las respuestas de los sujetos ante la pregunta que contabiliza la práctica de AF en una semana cualquiera determinan que la media fue de 4.65 y la desviación típica de 1.97. El mayor registro (21.8%) se contabiliza cuando los sujetos practican 2 días semanales y el menor (4.6%) en 0 días (Figura 10).

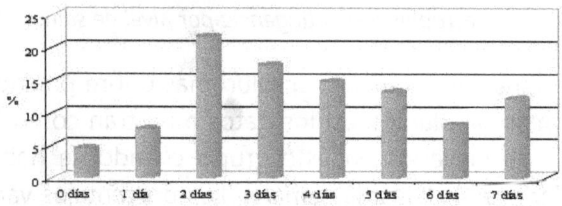

Figura 10. Resultados porcentuales generales de práctica de AF semanal.

1.2.2. Resultados diferenciados por variables (análisis de Tablas de contingencia)

A continuación se presentan los resultados obtenidos a partir del análisis de frecuencias mediante Tablas de contingencia:

1) Género.
2) Edad.
3) Tipo de centro.
4) Población.
5) IMC.
6) Morfotipo.
7) Nivel de AF.

8) Nivel de salud.

1.2.2.1. Resultados de Tablas de contingencia por género

El análisis descriptivo de los datos, en base a las Tablas de contingencia junto con el test Chi-cuadrado como prueba de análisis de varianzas, arrojó diferencias estadísticamente significativas ($p=0.000$) favorables al grupo de los varones. Es apreciable como las chicas presentan unos niveles de práctica de AF más elevados en los menores tramos, entre 0 (5.9%) y 2 días (27%). El sexo masculino es más activo, contribuyendo a esto la mayor práctica de AF en 4 (15.7%), 5 (15.2%), 6 (10.2%) y 7 días semanales (16.2%) (Figura 11).

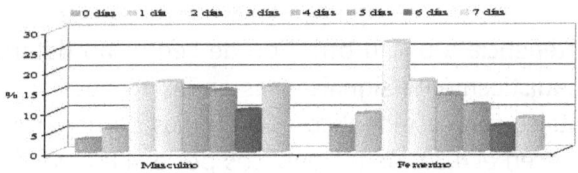

Figura 11. Resultados porcentuales de práctica de AF semanal. Clasificación por género [masculino (n=1.143) y femenino (n=1.150)].

1.2.2.2. Resultados de Tablas de contingencia por edad

Dentro de todos los grupos de edad los sujetos que con más frecuencia no practican ningún día AF son los de 16 años (5.9%). Los de mayor práctica con 3 días son los de 15 (19.2%). La recomendación de 5 días semanales la sigue el 13.6% de los de 13, el 13.3% de los de 14, el 13.2% de los de 15 y 16 años. Los que destinan 7 días semanales en proporciones superiores son los de 13 años con el 14.3% (Figura 12).

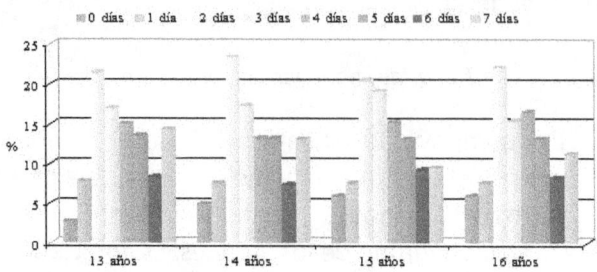

Figura 12. Resultados porcentuales de práctica de AF semanal.Clasificación por edad [13 años (n=762), 14 años (n=574), 15 años (n=600) y 16 años (n=357)].

1.2.2.3. Resultados de Tablas de contingencia por tipo de centro

La pertenencia a uno u otro tipo de centro no determina diferencias estadísticamente significativas en las respuestas. De hecho, los porcentajes son casi idénticos. Con 0 días de práctica de AF semanal aparecen el 4.3% de los públicos por el 4.8% de los privados, los porcentajes para 3 días son 17.9 y 16.7% respectivamente, para 5 días del 13.3% en ambos casos y por último 7 días con cifras del 13.4 y 10.8% (Figura 13).

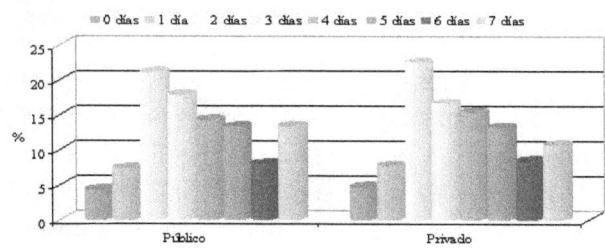

Figura 13. Resultados porcentuales de práctica de AF semanal. Clasificación por tipo de centro [público (n=1.293) y privado (n=1.000)].

1.2.2.4. Resultados de Tablas de contingencia por población

En función de la población, la práctica de AF de 0 días a la semana cuenta con el 3.3% de los adolescentes de zonas rurales por el 5.1% de los urbanos, para 3 días los porcentajes son del 17.6 y 17.3%. Los que siguen las recomendaciones de 5 días a la semana son el 14 y el 13% respectivamente y 7 días semanales el 12 y 12.4% (Figura 14).

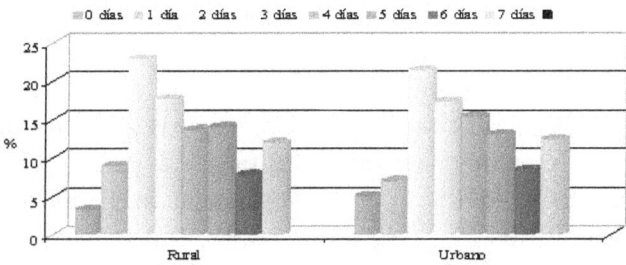

Figura 14. Resultados porcentuales de práctica de AF semanal. Clasificación por población [rural (n=696) y urbano (n=1.597)].

1.2.2.5. Resultados de Tablas de contingencia por IMC

El análisis de la AF según el IMC determina que los sujetos obesos son los que pasan más días sin practicar nada de AF a la semana (6.2%). Con 3 días de práctica de AF los datos son muy parejos en los tres grupos, yendo desde el 16.8% de los normopeso al 22.8% de los obesos. Una de las mayores diferencias aparecen con 4 días de práctica, donde los sobrepeso son los más representados (18.9%). A los 5 días los valores son homogéneos, rodando el 11-12%. El 12.6% de los normopeso dedican 7 días a la semana a realizar AF, convirtiéndose así en el grupo de mayor actividad (Figura 15).

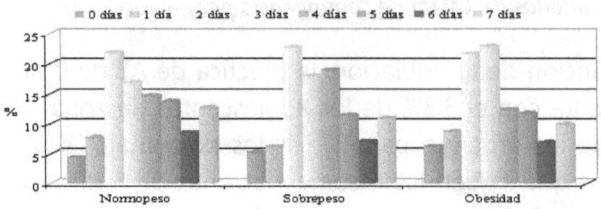

Figura 15. Resultados porcentuales de práctica de AF semanal.Clasificación por IMC [normopeso (n=1.916), sobrepeso (n=212) y obesidad (n=162)].

1.2.2.6. Resultados de Tablas de contingencia por morfotipo

Los adolescentes que no practican nada de AF a la semana en niveles superiores son los endomorfos (5.9%), al igual que con 3 días (18.9%). A los 5 días los más activos son los mesomorfos (14.5%) seguidos de los endomorfos y ectomorfos, con porcentajes próximos al 12%. Tanto en 6 como en 7 días semanales los de práctica superior son los mesomorfos, con el 9.3 y el 13.7% respectivamente. La prueba de contraste de varianzas de Chi-cuadrado constató diferencias significativas ($p=0.022$) en la práctica de AF semanal, tendentes siempre a los sujetos mesomorfos (Figura 16).

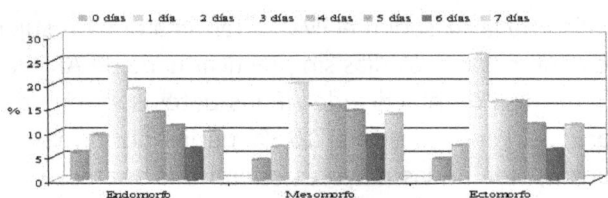

Figura 16. Resultados porcentuales de práctica de AF semanal.Clasificación por morfotipo [endomorfo (n=592), mesomorfo (n=1.024) y ectomorfo (n=375)].

1.2.2.7. Resultados de Tablas de contingencia por nivel de AF

Se puede apreciar claramente como los sujetos inactivos tienen más representación porcentual en la franja de menor compromiso motriz, de 0 a 3 días semanales. En cambio, cuando se analizan los datos a partir de 4 días de actividad se observa como el 23.4% son activos por el 7.8% de los sedentarios. Con los 5 días se agudiza aún más la diferencia con cifras del 25.2 y del 3.5% respectivamente. Por último, a los 7 días los contrastes son los más elevadas yendo desde el 25.3% hasta el 1.5%. Estos informes coinciden con la prueba de contraste de varianzas de Chi-cuadrado que manifiesta diferencias significativas ($p=0.000$) favorables a los escolares catalogados como activos (Figura 17).

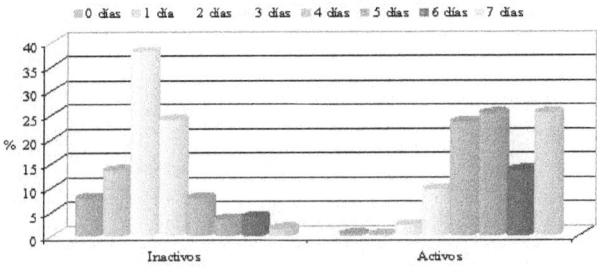

Figura 17. Resultados porcentuales de práctica de AF semanal.Clasificación por nivel de AF [inactivos (n=1.256) y activos (n=1.034)].

1.2.2.8. Resultados de Tablas de contingencia por nivel de salud

El análisis descriptivo de los datos se llevó a cabo mediante Tablas de contingencia, se aplicó la prueba de contraste de varianzas de Chi-cuadrado tras la cual quedaron de manifiesto diferencias significativas ($p=0.000$) favorables a los adolescentes que gozan de mejor salud. Para éste grupo, los porcentajes empiezan a incrementarse a partir de los 3 días de práctica de AF a la semana. Aquí los datos son del 17.5% para los de buena salud y del 6.6% para los salud pobre, en 5 días del 13.9 y 10.3% respectivamente y a los 7 días del 13.2 y 7.4% para sendos conjuntos (Figura 18).

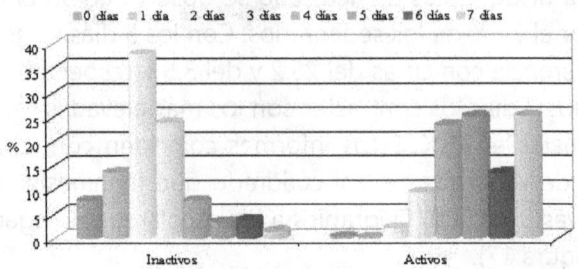

Figura 18. Resultados porcentuales de práctica de AF semanal.Clasificación por nivel de salud [pobre/razonable (n=380) y buena/excelente (n=1.910)].

2. ANÁLISIS DE LAS CONDUCTAS RELACIONADAS CON LA PRÁCTICA DE ACTIVIDAD FÍSICA EN LA ADOLESCENCIA DESDE DIFERENTES PERSPECTIVAS

Fuera del horario escolar se ha obtenido que el 33.3% del total de los encuestados no realiza ninguna actividad, que los chicos son más activos que las chicas y que el nivel de práctica desciende con el paso de los años. Por tanto, el 67.7% se puede considerar potencialmente activos.

Peiró y cols. (2008) en una muestra de adolescentes valencianos concluyó que el 45.8% de la población era activa, el 22% moderadamente activa, el 31% inactiva y el 1.2% muy activa. En estudiantes de educación secundaria de Madrid extrajo que el 44.5% eran activos, el 29% moderadamente activos, el 20% inactivos y el 6.5% muy activos. Un estudio llevado a cabo en la provincia de Huesca, bajo los parámetros de práctica de AF 30 minutos 3 días a la semana, se puede afirmar que cumplen con esta recomendación el 41.5% de los adolescentes, para el género masculino supone un 49.9% y para el femenino el 36.8%. En el presente estudio, las respuestas de los sujetos ante la pregunta que contabiliza la práctica de AF en una semana cualquiera determinan que la media de respuestas fue de 4.65 días y la desviación típica de 1.97. El mayor registro (21.8%) se contabiliza cuando los sujetos practican 2 días semanales y el menor (4.6%) en 0 días.

Según los cálculos de Rodríguez Ordax y cols. (2006) el 70% de la población de países desarrollados no realiza la suficiente cantidad de AF para mantenerse en niveles saludables, y en España la últimas encuestas nacionales de salud apuntan a que cerca del 80% de la población es insuficientemente activa. Tercedor y cols. (2005) en el estudio AVENA evidenciaron que un 59.2% de los adolescentes es activo, registrándose diferencias significativas favorables a los varones (71.1%) en relación a las mujeres (46.7%). También se muestran insuficientes los niveles de AF en esta investigación, pues la opinión del alumnado en referencia a la práctica de AF ofrece una media de respuestas de 4.31 días y la desviación típica de 2.07. Porcentualmente, el valor máximo (21.5%) corresponde a los sujetos que destinan 2 días a la práctica de AF y el mínimo (6.3%) a los que invierten 6 días.

2.1. PRÁCTICA DE ACTIVIDAD FÍSICA EN FUNCIÓN DEL GÉNERO

Como era de esperar, y en consonancia con otros estudios (Sallis y cols., 2000), las niñas acumulan una cantidad significativamente menor de AF, medida en pasos al día, que los varones. Entre la práctica de AF diaria y la fuerza física se extrajo una correlación positiva (Morgan, Graser y Pangrazi, 2008). Estos datos están en consonancia con los de Martín Mantillas (2007), en los cuales se afirma que el 48.6% de las chicas es inactivo por el 19.1% de los chicos. Teniendo en cuenta lo recomendable que es practicar al menos 5 días a la semana, según nuestro estudio, contabilizando la práctica de AF en los últimos 7 días el 13.5% de los hombres practican 5 días a la semana por el 8.3% de las mujeres, manteniéndose estas diferencias conforme se incrementa la práctica de AF. En los tramos de mayor inactividad es donde las mujeres cobran más representación, por ejemplo 2 días a la semana lo practican el 25.4% de las mujeres por el 17.7% de los hombres, y en la ausencia de práctica siguen siendo las chicas las mayoritarias con el 11.4%. Este análisis descriptivo se realizó mediante Tablas de contingencia utilizando como prueba de contraste de varianzas el test de Chi-cuadrado, manifestando diferencias significativas ($p=0.000$) entre el componente género, favorables al grupo de los hombres, siendo éstos los sujetos más activos.

Analizando los cambios en la AF en función del sexo de los adolescentes se evidencian diferencias favorables a los varones con mayores registros de actividad que las mujeres. Lo que diferencia estos resultados de los nuestros, y de otros estudios, es que esta práctica de AF no decae significativamente del tránsito de la niñez a la adolescencia (Sallis y cols., 2000; Corbin, 2002). Confirmando esta teoría están las investigaciones de Telama y Yang (2000), Sallis (2000) y Matos (2004). En ellas se recalca que la población adolescente reduce su práctica de AF a un ritmo del 2.7% en hombres y del 7.4% en mujeres. Existen otros estudios como los de Bungum y Morrow (2000) en Estados Unidos y Van Mechelen y cols. (2000) en Holanda, donde se resalta que las chicas hacen más AF que los chicos.

En el estudio de Montil (2004), con una muestra de 345 sujetos de edades comprendidas entre 10 y 13 (11.29 ±0.57) de la Comunidad Autónoma de Madrid, se estudio la práctica de AF de los escolares. El tiempo invertido fue de 122.68 minutos diarios para los chicos y de 93.96 para las chicas. Datos similares a los obtenidos por Riddoch y cols. (2004) en diferentes países europeos que muestran tiempos de 110 minutos para los niños y sobre 80 minutos para las niñas. Este estudio se realizó con sujetos de entre 9 y 15 años, para los más jóvenes el tiempo destinado a la AF fue de 190 minutos para los chicos y de 160 para las chicas.

Los tiempos diarios de práctica de AF calculados por Guerra y cols. (2003) en un estudio con niños portugueses de 9 a 11 años de edad, muestran valores superiores al estudio de Montil (2004), llegando los chicos hasta los 150 minutos diarios y a los 115 las chicas. En el mismo país, con sujetos de entre 8 y 15 años, se encontró un tiempo de práctica de 138 minutos para los chicos y de 90 para las chicas (Mota y cols., 2003). En base a nuestra investigación se confirman estos informes, también durante una semana típica. Así, el análisis descriptivo de los datos, en base a las Tablas de contingencia junto con el test Chi-cuadrado como prueba de análisis de varianzas, arrojó diferencias significativas (p=0.000) favorables a los varones. Es apreciable como las chicas presentan unos niveles de práctica de AF más elevados en los menores tramos, entre 0 (5.9%) y 2 días (27%). El sexo masculino es más activo, contribuyendo a esto la mayor práctica de AF en 4 (15.7%), 5 (15.2%), 6 (10.2%) y 7 días semanales (16.2%).

Siguiendo con el estudio de Montil (2004) son los varones los que presentan mayores índices de actividad, congruente con Cantera y Devis (2002), Moral y Martínez (2009a) y con la revisión de Sallis y cols. (2000) de más de 100 estudios. Gavarry y cols. (2003) en un estudio sobre una muestra de franceses encontraron niveles de AF superiores en los niños que en las niñas, igual que Riddoch y cols. (2004) en chicos del Reino Unido.

Gálvez Casas (2004) hizo un estudio sobre la práctica de AF en la Región de Murcia, al tiempo que abordó los motivos que inducen a su práctica y abandono. La muestra estuvo compuesta por 888 escolares de 14 a 17 años de centros públicos. Para ello se aplicó el inventario de actividad física habitual en adolescentes (IAFHA) el cual utiliza una escala de 0 a 10 para medir el nivel de AF habitual de los adolescentes. En lo que respecta al género, tan sólo el 17.8% de las mujeres realizan alguna actividad físico-deportiva de forma usual, por el 32.2% de las no practicantes. Los varones practican el 36.4% y el 13.6% no hace nada, siendo este último grupo más activo.

Los niños informaron de un número de días significativamente ($p<0.05$) superior (3.21 días/semana) de práctica de AF vigorosa que las niñas (1.76 días/semana), donde los sujetos con normopeso son más activos que los sobrepeso. Igual tendencia se experimenta cuando se analiza el tiempo invertido en ser activo, correspondiendo los mayores registros a los varones y al grupo de normopeso en ambos sexos. En España, Mendoza (2000) y González y Otero (2005) sostuvieron que la cifra de chicas que realiza ejercicio físico intenso (40%) es la más baja de todos los países europeos y son las que más diferencias significativas tienen con respecto a los varones. Según el estudio de García Ferrando y Maestre Sancho (2000) se confirma esta tendencia, siendo los chicos más activos que las chicas, tanto en uno como en varios deportes, circunstancia con que la también coincide Hellín (2003) y Casimiro y Añó (2003) en adolescentes almerienses.

De la totalidad de la muestra analizada en el estudio de Martín Mantillas (2007) se extrae como conclusión que en base a la clasificación de los sujetos en función de otra recomendación de práctica de AF se obtienen resultados diferentes. Así teniendo en cuenta el criterio de hacer al menos una hora de ejercicio al día moderadamente intenso casi todos los días de la semana es más exigente, y tan sólo el 13.7% cumple con estos requisitos. En cambio, estos mismos sujetos en base a las recomendaciones del ACSM (1998) para adultos fue de 42.8%, como se puede apreciar las recomendaciones para niños y adolescentes son más exigentes en cuanto a la intensidad, frecuencia y duración que para los adultos, debido en parte el crecimiento desmesurado del sedentarismo y obesidad en los últimos años en este grupo de edad (Dietz, 2005; Strong y cols., 2005).

Distintas investigaciones de ámbito nacional e internacional evidencian un claro retroceso en los niveles de práctica conforme aumenta la edad de los sujetos, agudizándose aun más en la adolescencia (Pastor y cols., 1999a; López y González, 2001). Esta situación parece que se está revirtiendo, según Sallis y cols. (2000) y Mota y Sallis (2002) en la actualidad se ha producido un repunte significativo de la AF entre las chicas, debido, entre otros factores, a los programas de promoción de la salud especialmente diseñados para este sector poblacional, los cuales ya han producido sus resultados positivos en varios países. Por tanto, se puede afirmar que se ha producido un aumento en la proporción de mujeres activas en comparación a los hombres en esta última década, por lo que se podría entender que las diferencias de práctica están relacionadas fundamentalmente con factores sociales.

Existen influencias sociales que interfieren en el tiempo de ocio de los adolescentes, diferenciándose claramente en función del género. Entre los varones, el 30.4% informaron de niveles bajos de actividad deportiva, en comparación con el 32.9% entre las niñas. Si bien la actividad deportiva regular es ligeramente más común entre los niños, no hubo diferencias estadísticamente significativas entre los sexos en la actividad deportiva en este período de vida. Las fuentes de influencia social con las más altas tasas de actividad deportiva son los amigos (61.7%) y compañeros (64.2%) (Keresztes, Piko, Pluhar y Page, 2008).

Vázquez (1993) cree que este fenómeno tiene su razón de ser en una falta de refuerzo social hacia la AF en las mujeres y una mayor dependencia de ellas hacia las tareas domésticas. Para Mota y Sallis (2002) las diferencias de género pueden ser explicadas por las distintas influencias sociales que reciben cada uno de ellos. Así los chicos tienen una disposición más favorable a practicar AF que las chicas (Zagalaz, 2005).

2.2. PRÁCTICA DE ACTIVIDAD FÍSICA EN FUNCIÓN DE LA EDAD

Menos de la mitad (47.5%) de la población española son lo suficientemente activos con arreglo a las recomendaciones actuales. Esto era especialmente cierto en el caso de las niñas, con un nivel de cumplimiento de sólo el 39%, según las recomendaciones. Dicha práctica aumentó con la edad en los varones, registrándose diferencias significativas ($p<0.005$), pero no en el caso de las mujeres (Román, Serra, Ribas, Pérez y Aranceta, 2008). Por otra parte, la prueba de contraste de varianzas de Chi-cuadrado constató diferencias significativas ($p=0.045$), existiendo una clara tendencia favorable a los sujetos más jóvenes, puesto que presentan mayores niveles de AF que sus compañeros de edad más avanzada. Conforme se incrementa la edad de los sujetos desciende la práctica de AF, así a los 13 años el porcentaje de sujetos que dedica al menos 5 días a la semana a esta actividad es de 11.8%, valores siempre superiores a los de sus compañeros de mayor edad, e igual pasa con la práctica de 6 y 7 días. En el lado contrario aparecen los que destinan menos de 5 días semanales, aquí los porcentajes aumentan en los sujetos de mayor edad. Estos datos hacen referencia a la práctica de AF medida en los últimos 7 días.

Otra investigación abordó la práctica de AF y la variabilidad de ésta en función de la edad de los participantes, tras el análisis multivariante (MANOVA) se pusieron de manifiesto los efectos significativos de la edad y el sexo en la participación de las variables deportivas. Con respecto a los efectos de edad, los adolescentes mayores desempeñaron un número significativamente mayor de los deportes (2.5 vs 2.2) que los adolescentes más jóvenes, y tenían más años de experiencia deportiva (9.7 vs 7.4). También se contabilizaron importantes diferencias por sexo, donde los niños hacen más deporte que las niñas (2.6 vs 2.1) y tienen más años de experiencia deportiva (10.1 frente a 6.95) (Bowker, 2006).

2.3. BENEFICIOS DE LA ACTIVIDAD FÍSICA

En general, la investigación ha demostrado que la participación en el ejercicio y la AF mejoran significativamente la salud mental. Por tanto, participar en un programa de ejercicio crea un impacto positivo en la mejora del estado de ánimo y el autoconcepto y autoestima de los estudiantes (Mutrie y Biddle, 1995). Tanto hombres como mujeres estudiantes consideran que el ejercicio físico les gusta y que además contribuye a la reducción del estrés y sentimientos de tensión.

Estos datos coinciden con los nuestros, donde las personas que tienen una salud más pobre practican menos AF que las más saludables, así pues los indicadores son más elevados en éste grupo cuando se habla de una práctica inferior a 4 días a la semana. En el lado opuesto, los que tienen una salud fuerte, los informes empiezan a repuntar a partir de los 4 días de práctica de AF semanal, con cifras del 6.7% a los 6 días hasta el 14.1% de los 4 días. Mediante la prueba de contraste de varianzas de Chi-cuadrado se constatan diferencias significativas ($p=0.000$) de práctica de AF tendentes a los sujetos más saludables, en los últimos 7 días. Igual tendencia se experimenta en la práctica durante una semana típica.

2.4. PRÁCTICA DE ACTIVIDAD FÍSICA EN FUNCIÓN DE LA POBLACIÓN

El tamaño de la población de residencia influye sobre algunas implicaciones en los patrones de AF. Un mayor porcentaje de personas que viven en las grandes ciudades acumulan 60 minutos de AF moderada, en proporciones superiores (56%) que los que viven en ciudades pequeñas (41%), registrándose diferencias significativas ($p<0.001$) (Román, Serra, Ribas, Pérez y Aranceta, 2008).

Serra Puyal (2008) encontró que no había asociación entre el tipo de localidad y la realización de AF. En su población de estudio no se encontraron diferencias significativas en el gasto medio en METs (38.88 METs para los sujetos de ciudad, por 38.44 METs para los de zonas rurales), y tampoco en el porcentaje de sujetos activos. Nosotros al igual que el autor anterior, no encontramos diferencias significativas en función de la población. La práctica de AF de 0 días a la semana cuenta con el 3.3% de los adolescentes de zonas rurales por el 5.1% de los urbanos, para 3 días los porcentajes son del 17.6 y 17.3%. Los que siguen las recomendaciones de 5 días a la semana son el 14 y el 13%, y 7 días semanales el 12 y 12.4%.

Sin embargo, otros autores como Loucaides y cols. (2004), constaron que en invierno los chicos de Grecia y Chipre son más activos en las zonas urbanas y en verano las rurales. Se cree que esta situación se debe al mayor tiempo que pasan los chicos de zonas rurales en la calle, por la existencia de más zonas ajardinadas y por un entorno más seguro. Los mismos resultados obtuvieron Hardy y cols. (2006) en un grupo de niños australianos, en cuanto al tiempo invertido en actividades moderadas o vigorosas los sujetos de centros escolares urbanos emplearon 3.3 minutos más que los sujetos pertenecientes a colegios de ámbito rural.

Volviendo a España, Cantera (1997) hizo una investigación en la provincia de Teruel donde se registraron diferencias significativas favorables a los sujetos de ciudad, puesto que tenían 1 MET más de gasto energético que sus compañeros rurales. Corroborando esta situación encontramos los estudios de Leskinen, Telama y Yang (2000), Kristjansdottir y Valhjalmasson (2001), Martínez-Ros, Torno, Navarro y Pérez-Flores (2003) y Martínez y cols. (2005).

2.5. PRÁCTICA DE ACTIVIDAD FÍSICA EN FUNCIÓN DEL TIPO DE CENTRO

En el estudio llevado a cabo por Serra Puyal (2008) se estimó el nivel de AF en función de los METs requeridos en una determinada actividad. De la totalidad de la muestra, los alumnos de centros públicos realizaron un gasto de 1 MET superior a los que asistían a centros concertados (38.8% frente al 39.9%), registrándose diferencias significativas. Para actividades moderadas o vigorosas los escolares que acuden a centros públicos emplearon 20.41 minutos más que sus compañeros de concertados. En un estudio con adolescentes valencianos realizado por Peiró y cols. (2008) se encontró más gasto energético entre los colegiales de centros públicos. Al contrario que lo publicado por Tercedor y cols. (1998) en niños de la ciudad de Granada de 10 años de edad.

Una evolución similar se verificó por Aaron y cols. (1993) en adolescentes norteamericanos y por Cordente (2006) en estudiantes de educación secundaria de Madrid, donde se evidenció que los alumnos que tenían más nivel de AF eran los de centros privados. Esto puede ser debido a que estos alumnos tienen un mayor nivel económico, variable que se relaciona positivamente con un incremento en la práctica de AF (Mendoza y cols., 1994; Lasheras, Aznar, Merino y Gil, 2001) y también por la mayor disponibilidad de instalaciones deportivas.

Según nuestro estudio, la pertenencia a uno u otro tipo de centro no determina diferencias estadísticamente significativas en las respuestas cuando se contabilizan una semana típica. La práctica de AF de los escolares revela que los sujetos de centros públicos son los que más practican AF durante 2 días a la semana (22.8%), y en 7 días (13.4%), si son equiparados con el 20 y el 9.1% de los privados. A los 4 y 5 días los alumnos de colegios privados tienen unos porcentajes más elevados, con el 14.3 y 12.1% respectivamente. Estos datos concuerdan con la prueba de contraste de varianzas de Chi-cuadrado que determinó diferencias significativas ($p=0.012$) favorables a los centros públicos.

El nivel de estudios de la madre tuvo un gran impacto sobre los patrones de actividad de las mujeres, pero no en los hombres. Las niñas cuya madre tenía mayores niveles educativos son más activas (51%) en comparación con las que tienen las madres con menor educación (35%) en cotas de elevada significatividad ($p<0.001$). Igualmente, un mayor nivel socioeconómico correlaciona con un mayor grado de práctica de AF, tanto en los hombres (64% de cumplimiento en el nivel socioeconómico alto y 52% en el nivel bajo, con $p<0.05$) y mujeres (45% y 34%, respectivamente, con $p<0.05$) (Román, Serra, Ribas, Pérez y Aranceta, 2008).

2.6. PRÁCTICA DE ACTIVIDAD FÍSICA EN FUNCIÓN DEL IMC

Un estudio internacional para evaluar la relación entre la obesidad y el patrón de AF en las personas de edades comprendidas entre los 10 a 16 años mostró que sólo el 19% de los franceses, el 50% de los individuos de los EEUU y el 33% de las personas de España, hacen al menos 60 minutos de AF la mayoría de los días de una semana (Janssen, Katzmarzyk, Boyce, Vereecken, Mulvihill, Roberts y cols., 2005).

Estas diferencias ($p<0.05$) siguen siendo favorables a los varones cuando se analiza el tiempo destinado a montar en bicicleta como medio de transporte para ir al colegio, al igual que si se contabiliza el tiempo invertido en caminar. La media de minutos al día usando la bicicleta es de 8.93 para el sobrepeso y de 18.97 para el normopeso, siendo más activos los hombres que las mujeres. El tiempo dedicado a caminar es de 21.92 minutos para los chicos y de 19.83 para las chicas, siendo siempre más activos los normopeso (Montil, 2004). A mayor IMC menor es el tiempo invertido en usar la bicicleta como medio de transporte para ir al colegio y también se relaciona con un menor hábito de caminar a la hora de desplazarse.

La media de días a la semana usando la bicicleta es de 1.38 para el sobrepeso y de 2.48 para el normopeso, cuando se habla de caminar la media es de 4.48 y 5.28, respectivamente (Barquero, Barriopedro y Montil, 2008).

Nuestros datos no demuestran diferencias significativas entre la práctica de AF en una semana típica y el IMC de los sujetos. Aun así, los sujetos obesos son los que pasan más días sin practicar nada de AF a la semana (6.2%). Con 3 días de práctica de AF los datos son muy parejos en los tres grupos yendo desde el 16.8% de los normopeso al 22.8% de los obesos. Una de las mayores diferencias aparecen con 4 días de práctica, donde los sobrepeso son los más representados (18.9%). A los 5 días los valores son homogéneos, rodando el 11-12%. El 12.6% de los normopeso dedican 7 días a la semana a realizar AF, convirtiéndose así en el grupo de mayor actividad.

Del mismo modo, entre las variables AF e IMC se ha encontrado una relación inversa, por lo que a mayor IMC menor nivel de práctica de AF (Barr-Anderson, Neumark-Sztainer, Schmitz, Ward y cols., 2008).

2.7. COMPARATIVA ENTRE LA PRÁCTICA DE ACTIVIDAD FÍSICA DE LA PRESENTE INVESTIGACIÓN Y LOS ESTUDIOS HBSC 2002 Y 2006

2.7.1. Análisis de las preguntas que contabilizan la práctica de actividad física, durante 60 minutos diarios en al menos 5 días semanales, y durante 7 días semanales. Clasificación por género, edad, población y tipo de centro

Teniendo en cuenta los sujetos que practican AF al menos 60 minutos diarios 7 días a la semana se produce un ligero incremento con el paso del tiempo, según los datos de los estudios HBSC de 2002 y 2006. Los datos de estos estudios internacionales son muy parejos tanto para España como para Andalucía, en cambio lo extraídos en la presente tesis se ha evidenciado un retroceso en la práctica, con tan sólo un 11.5% de dedicación en los términos antes expresados (Tabla 9).

Por sexo, se constata como los hombres son más activos que las mujeres, evidenciándose diferencias significativas favorables a los varones. Esto puede verse a través de las respuestas que contabilizan 7 días de práctica, siendo los andaluces del HBSC 2006, así como los del presente estudio, los que adquieren porcentajes más elevados, con cifras del 14.4% para los chicos y de 8.7% para las chicas. En niveles superiores están los datos nacionales del estudio HBSC 2006 con el 24.6 y el 14.3% de práctica. Por tanto, se ha experimentado un descenso de la práctica de AF diaria en los últimos tres años.

Según la edad de los sujetos en los tramos superiores de dedicación a la AF (entre 5 y 7 días semanales) las mayores cotas las registran los sujetos más jóvenes, en todos los estudios analizados. Respecto al estudio HBSC 2006, tanto para España como para Andalucía, los datos son muy parejos, en cambio si comparamos estos datos con los de la presente investigación la práctica de AF se ha visto algo mermada, teniendo los adolescentes de 13-14 años mayores niveles de práctica (12.55%) que los de 15-16 (10.25%) (Tabla 9).

En base a la población de referencia, tanto en el estudio HBSC 2002 y 2006, en el ámbito nacional y autonómico, los adolescentes de contexto rural son más activos que los urbanos. La excepción es el estudio HBSC 2002, con 7 días de práctica de AF semanales están el 14.5% de los rurales por el 16.4% de los urbanos, en el HBSC 2006 las cifras son del 19.5 y 18.8%, y para los andaluces del HBSC 2006 el 22 y 21.3%. La mayor diferencia con respecto a nuestro estudio es que el nivel de AF se ha reducido levemente, puesto que los registros son de 13.7 y 10.6%, para ambos grupos poblacionales (Tabla 9).

En referencia al tipo de centro y su relación con la práctica de AF, en los estudios HBSC 2002 y 2006 no se han evidenciado diferencias significativas, siendo los sujetos de colegios privados los que más AF practican, tanto en el ámbito nacional como autonómico.

Sin embargo, en nuestro estudio se deduce una tendencia inversa, ya que son los públicos (13.4%) más activos que los privados (9.1%). Con el paso del tiempo, tomando como referencia los estudios HBSC 2002 y 2006, se ha incrementado el nivel de práctica de AF, tendencia contraria a la experimentada por los andaluces de la presente investigación, puesto que aquí se encuentran los niveles más bajos de actividad (Tabla 7).

Tabla 7. Resultados porcentuales de práctica de AF en los últimos 7 días. Comparativa de los datos de la presente investigación con los estudios HBSC 2002 y 2006. Clasificación por género, edad, población y tipo de centro.

Tipo de estudio	Escala de respuesta	Total	Géneo		Edad		Población		Tipo de centro	
			Chico	Chica	13-14	15-16	Rural	Urbano	Público	Privado
*HBSC Edición 2002 (España)	0 días	5.1	4.6	5.7	3.9	4.2	5.1	5.2	5.4	4.6
	1 día	9.2	8	10.4	8.4	8.7	10	8.9	9.6	8.5
	2 días	18.8	15.2	22.2	17.8	20.2	19.3	18.5	18.7	18.9
	3 días	18.8	17	20.5	18.9	20	18.9	18.7	19.1	18.1
	4 días	14	14.1	14	13.6	15.6	15.4	13.4	13.9	14.4
	5 días	11.8	12.6	11	12.5	12	10.7	12.3	11.6	12.2
	6 días	6.5	7.7	5.4	7.5	6.1	6.2	6.6	6.4	6.7
	7 días	15.8	20.8	10.9	17.5	13.2	14.5	16.4	15.4	16.5
*HBSC Edición 2006 (España)	0 días	6	4.4	7.4	5.5	4.2	5.6	6.3	6.2	5.5
	1 día	.8	7	10.4	9.2	8.5	.2	9.2	8.7	9
	2 días	16.3	12.9	19.2	16.5	18	16.6	16	16.2	16.4
	3 días	17.6	16	19.1	15.2	20.6	18.6	17	17.9	16.9
	4 días	14.3	14.6	14	15.9	15.7	13.7	14.7	13.8	15.5
	5 días	11.8	13.2	10.6	12.2	12.3	12.2	11.6	12.3	10.6
	6 días	6.1	7.3	5.1	6.6	6	5.6	6.5	5.9	6.6
	7 días	19.1	24.6	14.3	18.8	14.7	19.5	18.8	18.9	19.5
**HBSC Edición 2006 (Andalucía)	0 días	4.9	4.8	5.1	4..9	3..9	4.4	5.3	4.8	5.5
	1 día	8.3	6.3	10	9.4	8.4	8.2	9.7	7.9	9.7
	2 días	14.3	11.1	17.1	13.1	18	14.6	14.6	14.2	14.6
	3 días	16.6	14	19	13.4	20	19	15.1	17.1	15.1
	4 días	13.2	15.1	11.5	15.3	13.9	11.9	13.8	13	13.8
	5 días	12	13.5	10.6	11.2	10.7	11.5	10.7	12.3	10.7
	6 días	5.5	6.1	5	6.7	5.1	5.8	7	5.1	7
	7 días	20.1	23	17.6	17.1	15.2	22	21.3	19.8	21.3
Presente investigación (Tesis Doctoral)	0 días	8.7	6	11	6.8	11.7	7.1	9.5	7.8	9.9
	1 día	10.5	8.8	12.3	10.3	10.6	11.3	10.2	10.5	10.6
	2 días	21.5	17.7	25.4	21.4	21.6	22.4	21.2	22.8	20
	3 días	17.1	16.5	17.7	17.65	16.65	16.2	17.5	16.9	17.3
	4 días	13.4	15.1	11.7	14	12.65	12.8	13.7	12.7	14.3
	5 días	10.9	13.5	8.3	10.6	11	10.7	11	9.9	12.1
	6 días	6.3	8.1	4.5	6.65	5.55	5.9	6.4	6	6.7
	7 días	11.5	14.4	8.7	12.55	10.25	13.7	10.6	13.4	9.1

Fuente:* Moreno, Rivera, Ramos y cols. (2008) y ** Moreno, Muñoz, Pérez y cols. (2008).

2.7.2. Análisis de la práctica de actividad física durante 60 minutos diarios al menos 5 días a la semana. Clasificación por edad y países

Del análisis de la práctica de AF al menos 5 días a la semana durante 60 minutos diarios se puede extraer como conclusión que los adolescentes de la presente investigación tienen niveles de práctica muy por encima de la media nacional y europea. En concreto, llegan hasta el 48.6%, sólo superados por los estadounidenses (50.5%). A los 15 años el nivel de práctica es inferior, siendo la media europea de 28.8% y la andaluza de 41.7%, justo por debajo del 49.4% de USA, y superior a la media española (30.5%) del estudio HBSC 2002 (Figura 301).

Según los datos del estudio HBSC 2006 son los estadounidenses de 13 años los más activos, con el 28% de sujetos que practican AF 7 días a la semana, durante 60 minutos diarios. Aquí los andaluces están ubicados por debajo de la media europea y nacional, obteniéndose en el presente estudio un porcentaje del 13.9%, superándonos también países como Grecia (16.5%) e Italia (16%). Al igual que sucediera en 2002, con el tránsito de los 13 a los 15 años se reduce el nivel de AF, llegando hasta el 24% para los estadounidenses, al 16% para los europeos y al 15% para los españoles. Andalucía ocupa el último lugar de esta clasificación, con un 8.7% de sujetos que son activos todos los días (Figura 19).

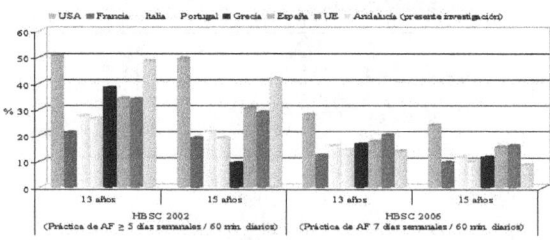

Figura 19. Comparativa entre la práctica de AF de la presente investigación y los estudios HBSC 2002 y 2006. Clasificación por edad y países.

3. MOTIVACIONES HACIA LA PRÁCTICA DE LA ACTIVIDAD FÍSICA

Escala de Medida de los Motivos para la Actividad Física-Revisada en españoles: Diferencias por motivos de participación (Moreno, Cervelló y Martínez, 2007).

El cuestionario original (Moreno y cols., 2007) pretende valorar los motivos por los que los adolescentes llevan a cabo la práctica deportiva. Está formado por 30 ítems con una escala de respuesta tipo Likert de 7 opciones agrupados en 5 factores (disfrute, apariencia, social, fitness y competencia) que explican un 69.36% de la varianza. La fiabilidad de cada factor es de 0.84, 0.87, 0.81, 0.80 y 0.85 respectivamente. De todos ellos, los autores eliminaron el ítem 25 ("Porque quiero estar bien para desarrollar mi actividad") y el 28 ("Para buscar la aceptación de los demás") porque tras una análisis factorial exploratorio inicial no se alcanzó el nivel de saturación adecuado de 0.40 (Stevens, 1992).

En nuestro estudio se utilizó el mismo instrumento (28 ítems) descrito en el párrafo anterior. Tras obtener los resultados de respuestas emitidas por los participantes, se realizó un análisis factorial empleando el método de componentes principales y rotación varimax. Se obtuvieron 4 factores con autovalores mayores a 1 que explicaban el 63.89% de la varianza de las puntuaciones obtenidas. El valor obtenido en la prueba de adecuación muestral de Kaiser-Meyer-Olkin (KMO= 0.967) y en el test de esfericidad de Bartlett (42084.39, sig.= 0.000) refrendaron la adecuación del procedimiento seguido. La interpretación de los 4 factores obtenidos se ajustó a aspectos relacionados con disfrute social del niño, la mejora de la competencia en el deporte, el fitness (mejorar la salud) y tener una apariencia más atractiva, obteniéndose en cada uno de ellos una varianza explicada de 21.47%, 15.69%, 15.37% y 11.35% respectivamente. La explicación de varianza total del cuestionario ascendió al 63.89% (Tabla 24). Los coeficientes de fiabilidad obtenidos en cada una de las dimensiones por medio del estadístico alpha de Cronbach fueron 0.92, 0.89, 0.87 y 0.82 conforme al orden descrito. El coeficiente de fiabilidad global del cuestionario fue de 0.95.

3.1. MOTIVACIONES DE PRÁCTICA DE ACTIVIDAD FÍSICA RELACIONADAS CON ASPECTOS SOCIALIZADORES

3.1.1. Resultados generales

La opinión del alumnado en referencia al factor disfrute/social como motivo principal de práctica de AF ofrece una media de respuestas de 4.82 y una desviación típica de 1.29. Porcentualmente, el valor máximo (31.7%) corresponde a los sujetos que dicen estar muy de acuerdo, con la afirmación de hacer AF como forma de disfrutar y para mejorar las relaciones sociales, y el valor mínimo (2.2%) a los que se encuentran totalmente en desacuerdo (Figura 20).

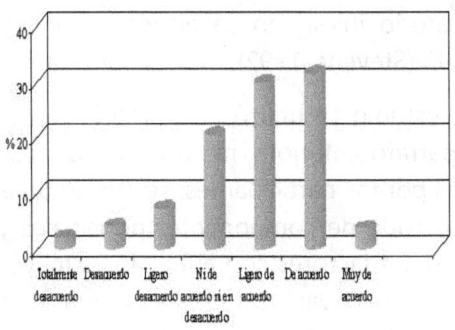

Figura 20. Resultados porcentuales generales del factor disfrute/social.

3.1.2. Resultados diferenciados por variables (análisis de tablas de contingencia)

A continuación se presentan los resultados obtenidos a partir del análisis de frecuencias mediante Tablas de contingencia:

1) Género.

2) Edad.
3) Tipo de centro.
4) Población.
5) IMC.
6) Morfotipo.
7) Nivel de AF.
8) Nivel de salud.

3.1.2.1. Resultados de Tablas de contingencia por género

Los datos revelan que los varones son los que se mueven más por motivos de disfrute y mejora de las relaciones sociales, así se localizan los mayores registros en los niveles positivos de la escala de repuesta. El 8% de los hombres está en ligero desacuerdo con esta afirmación, por el 16.2% de las mujeres, cuando se observan los umbrales positivos son los hombres los más representados, con el 27.7% de los que están de acuerdo por el 16.6% de las chicas. Del grupo que manifiesta estar muy de acuerdo los porcentajes son del 7.8% y 3.1% respectivamente. Este análisis descriptivo se realizó mediante Tablas de contingencia, utilizando como prueba de contraste de varianzas el test de Chi-cuadrado, manifestando diferencias significativas ($p=0.000$) favorables a los varones (Figura 21).

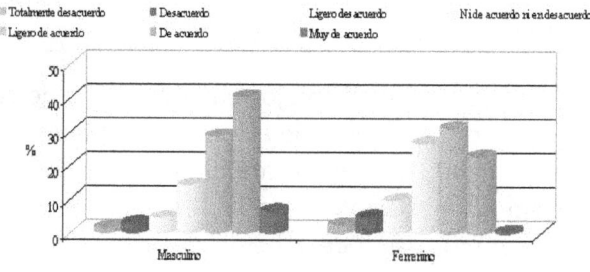

Figura 21. Resultados porcentuales del factor disfrute/social. Clasificación por género [masculino (n=1.143) y femenino (n=1.150)].

3.1.2.2. Resultados de Tablas de contingencia por edad

Los sujetos que expresan un ligero desacuerdo con la afirmación, de hacer AF por motivos de disfrute y relaciones sociales, son en cifras más elevadas los de 16 años (9.8%), de los que se manifiestan indiferentes los de 15 años con el 24.7% de los casos. En cotas positivas aparecen los que están en ligero acuerdo con superiores registros en los de 16 años (33.1%) y los más reducidos para los de 13 años (27.9%). En cambio, del grupo que está de acuerdo predominan los jóvenes (36.1%), invirtiéndose esta tendencia cuando expresan el mayor nivel de conformidad. En función de la edad se observan diferencias significativas ($p=0.007$), mediante la prueba de contraste de varianzas Chi-cuadrado, favorables a los sujetos de mayor edad (Figura 22).

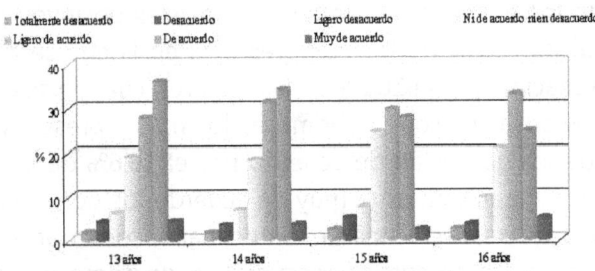

Figura 22. Resultados porcentuales del factor disfrute/social. Clasificación por edad [13 años (n=762), 14 años (n=574), 15 años (n=600) y 16 años (n=357)].

3.1.2.3. Resultados de Tablas de contingencia por tipo de centro

Los porcentajes son muy parejos en ambos tipo de centros, se evidencia un predominio favorable al alumnado que estudia en colegios públicos cuando el nivel de conformidad con los motivos de disfrute y mejora de relaciones sociales son más elevados, así el 32.7% de los públicos están de acuerdo por el 30.5% de los privados, afirmando el 4.1 y 3.5% estar muy de acuerdo, para públicos y privados respectivamente (Figura 23).

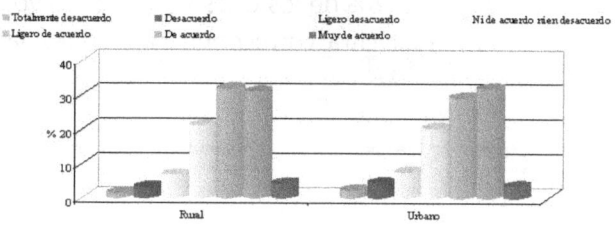

Figura 23. Resultados porcentuales del factor disfrute/social. Clasificación por tipo de centro [público (n=1.293) y privado (n=1.000)].

3.1.2.4. Resultados de Tablas de contingencia por población

Del alumnado que muestra un ligero descontento con los motivos de disfrute y relaciones sociales son el 6.8% rural y el 7.6% urbano, con ligero acuerdo el 31.9 y el 29.2% respectivamente. En la cota de satisfacción más elevada, el 4.3% de los adolescentes de ámbito rural dice estar muy de acuerdo por el 3.6% de los urbanos (Figura 24).

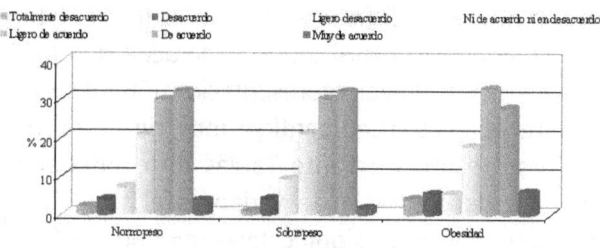

Figura 24. Resultados porcentuales del factor disfrute/social. Clasificación por población [rural (n=696) y urbano (n=1.597)].

3.1.2.5. Resultados de Tablas de contingencia por IMC

En los parámetros de respuestas que indican el mayor nivel de disconformidad, con la afirmación de hacer deporte por razones de disfrute y relaciones sociales, aparecen los sujetos con exceso de peso como los más representados. Del grupo de adolescentes que dice estar de acuerdo con esta circunstancia el 32.1% son los que tienen sobrepeso por el 27.8% de los obesos, del colectivo que está muy de acuerdo la mayor cifra corresponde a la obesidad con el 6.2% (Figura 25).

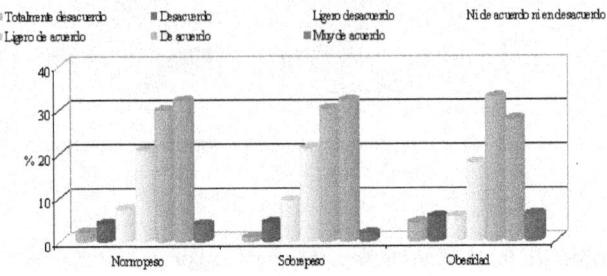

Figura 25. Resultados porcentuales del factor disfrute/social. Clasificación por IMC [normopeso (n=1.916), sobrepeso (n=212) y obesidad (n=162)].

3.1.2.6. Resultados de Tablas de contingencia por morfotipo

De todos los grupos, son los endomorfos los que presentan mayores porcentajes cuando el nivel de conformidad con hacer deporte, por motivos de disfrute y sociales, es más negativo. En el lado opuesto están los que expresan estar de acuerdo, donde los mesomorfos obtienen la mayor representación (36.6%), ocurriendo algo similar entre quienes dicen sentirse muy de acuerdo. Este análisis descriptivo se realizó mediante Tablas de contingencia, utilizando como prueba de contraste de varianzas el test de Chi-cuadrado, manifestando diferencias significativas (p=0.000) a favor de los mesomorfos (Figura 26).

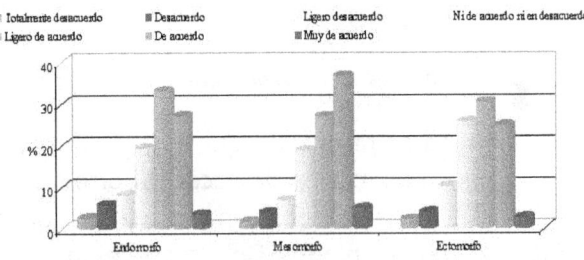

Figura 26. Resultados porcentuales del factor disfrute/social. Clasificación por morfotipo [endomorfo (n=592), mesomorfo (n=1.024) y ectomorfo (n=375)].

3.1.2.7. Resultados de Tablas de contingencia por nivel de AF

Los sujetos sedentarios perciben los motivos de disfrute y relaciones sociales del deporte más negativamente que los activos, de hecho en las repuestas que constatan desacuerdo reflejan los mayores porcentajes. Cuando la percepción se vuele positiva son los activos los que incrementan sus porcentajes por encima de los sedentarios, como demuestran los que están de acuerdo (38.4%) o muy de acuerdo (5.9%), contabilizándose diferencias significativas ($p=0.000$), mediante la prueba de contraste de varianzas Chi-cuadrado, favorables a los activos (Figura 27).

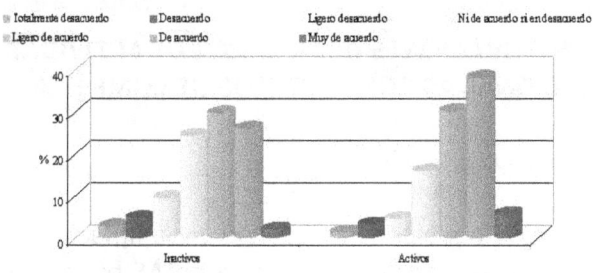

Figura 27. Resultados porcentuales del factor disfrute/social. Clasificación por nivel de AF [inactivos (n=1.256) y activos (n=1.034)].

3.1.2.8. Resultados de Tablas de contingencia por nivel de salud

Cuando los adolescentes muestran mayor descontento con el disfrute y las relaciones sociales, relacionado todo ello con el deporte, se puede observar como son los sujetos que peor salud perciben los que adquieren una representación más elevada. En umbrales positivos de salud están más de acuerdo con esta afirmación (34.8%), o muy de acuerdo (4.1%) en contraposición a sus semejantes de salud precaria. Este análisis descriptivo se realizó mediante Tablas de contingencia, utilizando como prueba de contraste de varianzas el test de Chi-cuadrado, manifestando diferencias significativas ($p=0.000$) tendentes a los alumnos más saludables (Figura 28).

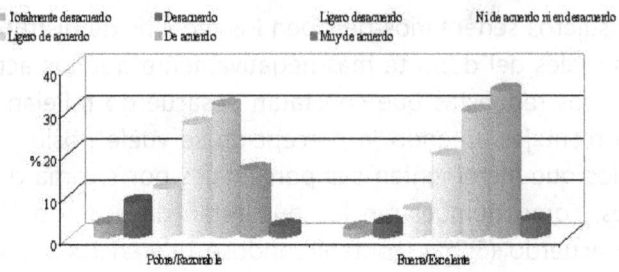

Figura 28. Resultados porcentuales del factor disfrute/social. Clasificación por nivel de salud [pobre/razonable (n=380) y buena/excelente (n=1.910)].

3.2. MOTIVACIONES DE PRÁCTICA DE ACTIVIDAD FÍSICA RELACIONADAS CON ASPECTOS DE COMPETENCIA

3.2.1. Resultados generales

La opinión del alumnado en referencia al factor disfrute/social como motivos principales de práctica de AF ofrece una media de respuestas de 4.59 y una desviación típica de 1.42. Porcentualmente, el valor máximo (27%) corresponde a los sujetos que dicen estar en ligero acuerdo, con la afirmación de hacer AF para ser más competentes en las habilidades físicas, y el valor mínimo (3.4%) a los que se encuentran totalmente en desacuerdo (Figura 29).

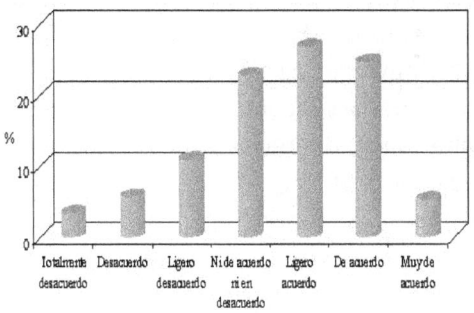

Figura 29. Resultados porcentuales generales del factor competencia.

3.2.2. Resultados diferenciados por variables (análisis de Tablas de contingencia)

A continuación se presentan los resultados obtenidos a partir del análisis de frecuencias mediante Tablas de contingencia:

1) Género.
2) Edad.
3) Tipo de centro.
4) Población.
5) IMC.
6) Morfotipo.
7) Nivel de AF.
8) Nivel de salud.

3.2.2.1. Resultados de Tablas de contingencia por género

Los varones tienen más interés en hacer deporte para ser mejores, con porcentajes favorables cuando se evidencian mayores dosis de conformidad con esta declaración. De los que dicen estar de acuerdo el 35.1% son hombres por el 14.5% que son mujeres, y si están muy de acuerdo los datos son del 8.7 y 2% respectivamente. Este análisis descriptivo se realizó mediante Tablas de contingencia utilizando como prueba de contraste de varianzas el test de Chi-cuadrado, manifestando diferencias significativas ($p=0.000$) favorables a los chicos (Figura 30).

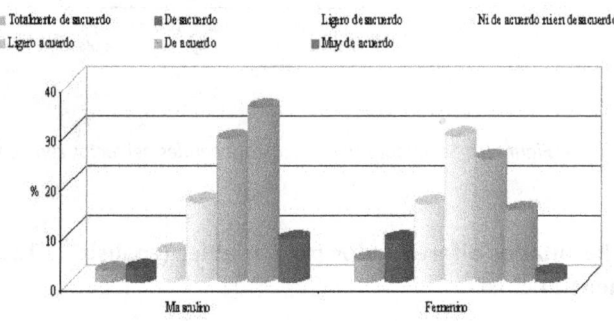

Figura 30. Resultados porcentuales del factor competencia. Clasificación por género [masculino (n=1.143) y femenino (n=1.150)].

3.2.2.2. Resultados de Tablas de contingencia por edad

Del grupo de adolescentes que practican deporte para ser más competentes destacan los de menor edad con porcentajes del 28.9 y 6.6%, cuando afirman estar de acuerdo y muy de acuerdo. Los tramos disconformes de la escala los valores se incrementan entre los sujetos de 15 y 16 años con respecto a los de edades inferiores. También se contabilizan diferencias significativas ($p=0.001$), mediante la prueba de contraste de varianzas Chi-cuadrado, favorables a los sujetos de menor edad (Figura 31).

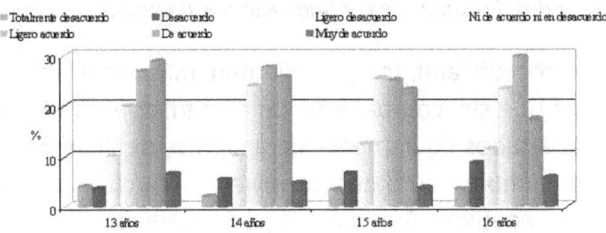

Figura 31. Resultados porcentuales del factor competencia. Clasificación por edad [13 años (n=762), 14 años (n=574), 15 años (n=600) y 16 años (n=357)].

3.2.2.3. Resultados de Tablas de contingencia por tipo de centro

El alumnado de centro público se siente más motivado hacia la práctica de AF como forma de hacerse competente. Así, el porcentaje es mayor en los privados (12.4%) entre quienes están ligeramente de acuerdo, y mayor en los públicos cuando manifiestan estar de acuerdo (26.8%), y muy de acuerdo (5.5%) con esta afirmación (Figura 32).

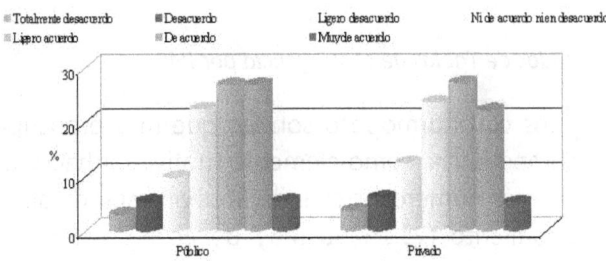

Figura 32. Resultados porcentuales del factor competencia. Clasificación por tipo de centro [público (n=1.293) y privado (n=1.000)].

3.2.2.4. Resultados de Tablas de contingencia por población

Los sujetos de ámbito rural sienten más motivación por ser competentes que sus compañeros de ciudad, como reflejan los datos en los apartados ligeramente de acuerdo, de acuerdo y muy de acuerdo. En cambio, los datos se invierten cuando los posicionamientos son negativos. Aún así, los porcentajes son muy homogéneos (Figura 33).

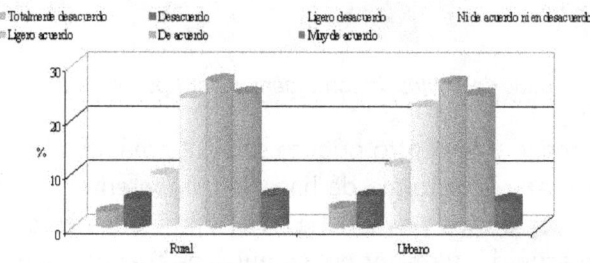

Figura 33. Resultados porcentuales del factor competencia. Clasificación por población [rural (n=696) y urbano (n=1.597)].

3.2.2.5. Resultados de Tablas de contingencia por IMC

Los sujetos con normopeso son los que más preocupados están por su competencia, como elemento motivador hacia la práctica de AF, así son más numerosos cuando afirman estar de acuerdo con este posicionamiento (25.1%) o muy de acuerdo (5.5%). Cuando muestran desacuerdo o indiferencia se contabilizan los mayores niveles entre el alumnado con exceso de peso (Figura 34).

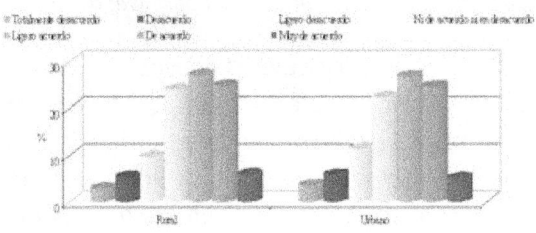

Figura 34. Resultados porcentuales del factor competencia. Clasificación por IMC [normopeso (n=1.916), sobrepeso (n=212) y obesidad (n=162)].

3.2.2.6. Resultados de Tablas de contingencia por morfotipo

Los sujetos que mayor desacuerdo muestran ante la posibilidad de hacer deporte para sentirse más competentes son los endomorfos, como revelan los mayores porcentajes que se obtienen en las tres primeras opciones de respuesta en comparación con los otros dos grupos. Cuando se acepta esta afirmación, como un buen motivo de práctica de AF, las cotas más elevadas se localizan entre los mesomorfos, con el 28.3% cuando están de acuerdo y el 7.2% si muy de acuerdo. Este análisis descriptivo se realizó mediante Tablas de contingencia, utilizando como prueba de contraste de varianzas el test de Chi-cuadrado, manifestando diferencias significativas ($p=0.000$) favorables a los sujetos mesomorfos (Figura 35).

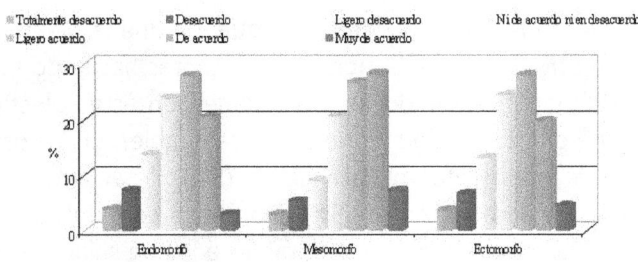

Figura 35. Resultados porcentuales del factor competencia. Clasificación por morfotipo [endomorfo (n=592), mesomorfo (n=1.024) y ectomorfo (n=375)].

3.2.2.7. Resultados de Tablas de contingencia por nivel de AF

Los datos revelan que los sujetos activos son los que hacen deporte por razones de competencia, en porcentajes más elevadas que los sedentarios. Así, el 29% está de acuerdo con esta afirmación y el 8.7% muy de acuerdo. En el caso de los sedentarios las cifras son del 21.3 y 2.5% respectivamente. En los tramos de mayor desacuerdo los adolescentes inactivos son los que adquieren mayor representación muestral. Confirmándose diferencias significativas ($p=0.000$), mediante la prueba de contraste de varianzas Chi-cuadrado, tendentes a los sujetos activos (Figura 36).

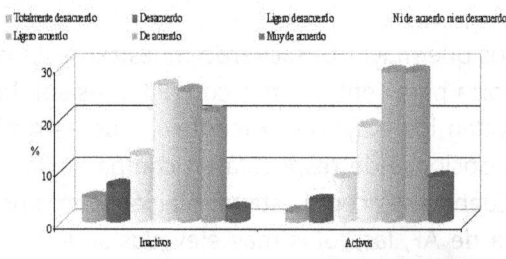

Figura 36. Resultados porcentuales del factor competencia. Clasificación por nivel de AF [inactivos (n=1.256) y activos (n=1.034)].

3.2.2.8. Resultados de Tablas de contingencia por nivel de salud

La salud de los sujetos determina que los que la perciben más pobre les motiva menos el sentirse competentes haciendo actividades físico-deportivas. Siendo los porcentajes, en éste colectivo, superiores que entre los adolescentes más saludables, en las opciones de respuesta totalmente en desacuerdo (5%), desacuerdo (7.6%) y ligeramente en desacuerdo (17.9%). Donde se contabilizan las respuestas positivas, los datos son favorables a los de salud fuerte, que son los que más atracción sienten por la competencia a través del deporte. Este análisis descriptivo se realizó mediante Tablas de contingencia, utilizando como prueba de contraste de varianzas el test de Chi-cuadrado, manifestando diferencias significativas (*p*=0.000) favorables a los adolescentes con mejor nivel de salud (Figura 37).

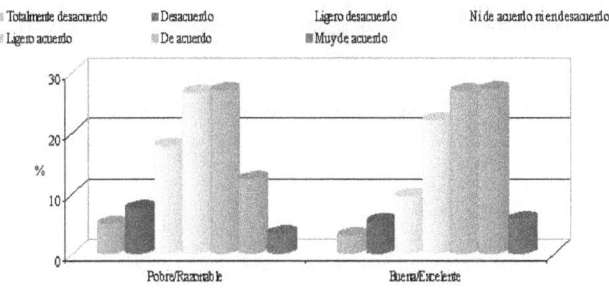

Figura 37. *Resultados porcentuales del factor competencia. Clasificación por nivel de salud [pobre/razonable (n=380) y buena/excelente (n=1.910)].*

3.3. MOTIVACIONES DE PRÁCTICA DE ACTIVIDAD FÍSICA RELACIONADAS CON ASPECTOS DE MEJORA DE LA CAPACIDAD FÍSICA (FITNESS)

3.3.1. Resultados generales

La opinión del alumnado en referencia al factor fitness como motivo principal de práctica de AF ofrece una media de respuestas de 5.19 y una desviación típica de 1.15. Porcentualmente, el valor máximo (40.5%) corresponde a los sujetos que dicen estar de acuerdo, con la afirmación de hacer AF para mejorar su fitness, y el valor mínimo (1.5%) a los que se encuentran totalmente en desacuerdo (Figura 38).

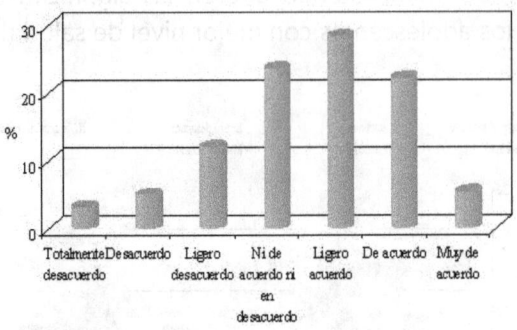

Figura 38. Resultados porcentuales generales del factor fitness.

3.3.2. Resultados diferenciados por variables (análisis de Tablas de contingencia)

A continuación se presentan los resultados obtenidos a partir del análisis de frecuencias mediante Tablas de contingencia:

1) Género.
2) Edad.
3) Tipo de centro.
4) Población.
5) IMC.
6) Morfotipo.
7) Nivel de AF.
8) Nivel de salud.

3.3.2.1. Resultados de Tablas de contingencia por género

Los hombres hacen más deporte por motivaciones relacionadas con el fitness que las mujeres, de hecho los que dicen estar de acuerdo con este posicionamiento son el 45% por el 35.9% de las mujeres, y de entre quienes dicen estar muy de acuerdo las cifras oscilan entre el 9.6 y 3.3% respectivamente. Cuando los adolescentes expresan su descontento se contabilizan los mayores registros entre las chicas. Este análisis descriptivo se realizó mediante Tablas de contingencia, utilizando como prueba de contraste de varianzas el test de Chi-cuadrado, manifestando diferencias significativas ($p=0.000$) favorables a los hombres (Figura 39).

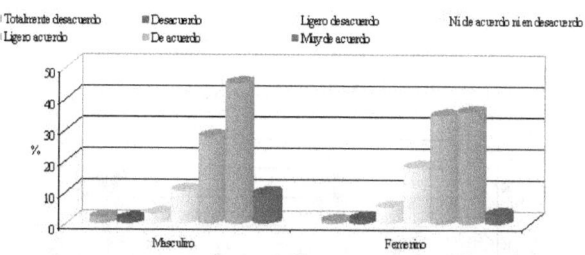

Figura 39. Resultados porcentuales del factor fitness. Clasificación por género [masculino (n=1.143) y femenino (n=1.150)].

3.3.2.2. Resultados de Tablas de contingencia por edad

Los sujetos de menor edad son los que se sienten más motivados por el fitness al hacer AF, cuando afirman estar de acuerdo o muy de acuerdo sus porcentajes son más elevados que los de 14 y 16 años. Sin embargo, cuando están en desacuerdo, los mayores registros los contabilizan los sujetos de mayor edad. Se han encontrado diferencias estadísticamente significativas ($p=0.014$) favorables a los sujetos de menor edad (Figura 40).

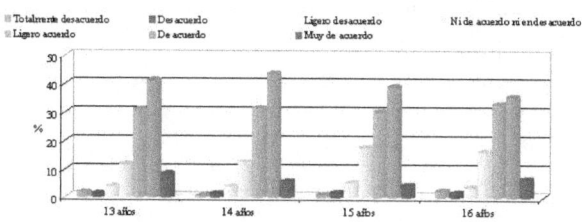

Figura 40. Resultados porcentuales del factor fitness. Clasificación por edad [13 años (n=762), 14 años (n=574), 15 años (n=600) y 16 años (n=357)].

3.3.2.4. Resultados de Tablas de contingencia por tipo de centro

Según los datos, al alumnado de centros públicos le motiva más el fitness que a los de privados, estando de acuerdo el 41% para los primeros y el 39.8% en los segundos. Apretándose más los datos entre quienes afirman estar muy de acuerdo con el fitness como elemento motivador, con el 6.6 y 6.3% en sendos grupos poblacionales (Figura 41).

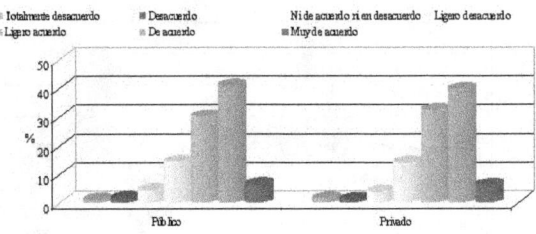

Figura 41. Resultados porcentuales del factor fitness. Clasificación por tipo de centro [público (n=1.293) y privado (n=1.000)].

3.3.2.4. Resultados de Tablas de contingencia por población

Los datos son muy homogéneos entre ambos grupos, los que menos valoran el fitness son los urbanos (1.6%), los que sostienen estar de acuerdo con que el fitness es un elemento motivador son el 38.9% en los rurales y el 41.1% para los urbanos, y muy de acuerdo el 6.9 y 6.3% respectivamente (Figura 42).

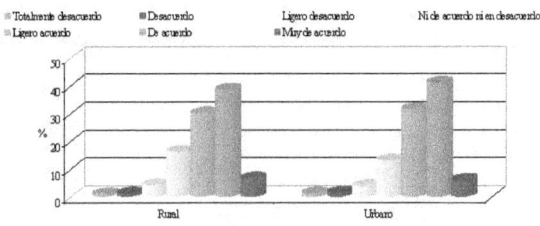

Figura 42. Resultados porcentuales del factor fitness. Clasificación por población [rural (n=696) y urbano (n=1.597)].

3.3.2.5. Resultados de Tablas de contingencia por IMC

Los sujetos que están totalmente en desacuerdo, y en desacuerdo, son en mayores proporciones los que presentan exceso de peso. Para el grupo con sobrepeso el 34.4% está ligeramente de acuerdo, y de los obesos el 8% muy de acuerdo (Figura 43).

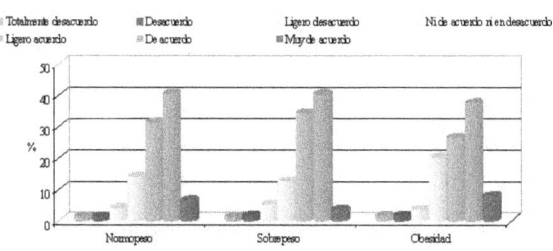

Figura 43. Resultados porcentuales del factor fitness. Clasificación por IMC [normopeso (n=1.916), sobrepeso (n=212) y obesidad (n=162)].

3.3.2.6. Resultados de Tablas de contingencia por morfotipo

Los mesomorfos son los alumnos que más motivados se sienten con el fitness a la hora de hacer deporte, estando de acuerdo con esta afirmación el 43.4% y muy de acuerdo el 9.1%, cifras superiores a las de los endomorfos y ectomorfos. Este análisis descriptivo se realizó mediante Tablas de contingencia utilizando como prueba de contraste de varianzas el test de Chi-cuadrado, manifestando diferencias significativas (p=0.000) favorables a grupo de mesomorfos (Figura 44).

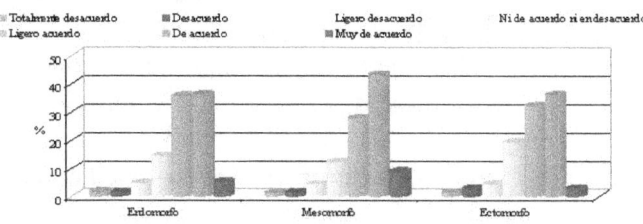

Figura 44. Resultados porcentuales del factor fitness. Clasificación por morfotipo [endomorfo (n=592), mesomorfo (n=1.024) y ectomorfo (n=375)].

3.3.2.7. Resultados de Tablas de contingencia por nivel de AF

El colectivo de sujetos activos hace deporte por motivos de mejora del fitness en mayor medida que los sedentarios, así lo atestiguan los porcentajes, con el 44.8% si están de acuerdo y el 9.6% si muy de acuerdo. En cambio, para los inactivos las cifras son del 36.9 y 3.9% en ambas respuestas. Siendo además este grupo el que evidencia más insatisfacción con esta afirmación, como reflejan los datos en la zona de la escala de respuesta que contabiliza el descontento. Por tanto, se evidencian diferencias significativas ($p=0.000$) a favor de los activos (Figura 45).

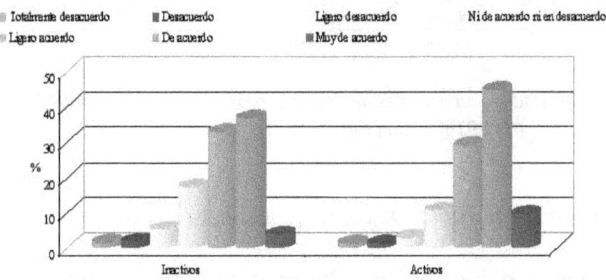

Figura 45. Resultados porcentuales del factor fitness. Clasificación por nivel de AF [inactivos (n=1.256) y activos (n=1.034)].

3.3.2.8. Resultados de Tablas de contingencia por nivel salud

De la prueba de contraste de varianzas Chi-cuadrado de extraen diferencias significativas ($p=0.000$) tendentes al grupo con mejor salud, los cuales se mueven más por motivos de fitness que los menos saludables, el 42.8% de los primeros están de acuerdo con esta circunstancia por el 28.4% de los de salud pobre. Entre los que están muy de acuerdo los datos son del 7.3 y 2.4% en sendos grupos. Los mayores registros para los chicos de salud deteriorada son en los tramos de respuesta que expresan disconformidad con el fitness (Figura 46).

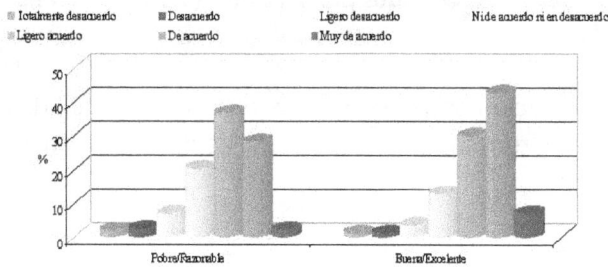

Figura 46. Resultados porcentuales del factor fitness. Clasificación por nivel de salud [pobre/razonable (n=380) y buena/excelente (n=1.910)].

3.4. MOTIVACIONES DE PRÁCTICA DE ACTIVIDAD FÍSICA RELACIONADAS CON ASPECTOS DE APARIENCIA

3.4.1. Resultados generales

La opinión del alumnado en referencia al factor apariencia como motivo principal de práctica de AF ofrece una media de respuestas 4.57 y una desviación típica de 1.39. Porcentualmente, el valor máximo (28.4%) corresponde a los que muestran un ligero acuerdo con hacer AF para mejorar la apariencia, y el valor mínimo (3.2%) a los que están totalmente en desacuerdo (Figura 47).

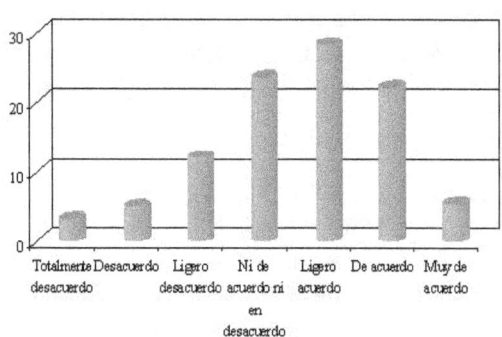

Figura 47. Resultados porcentuales generales del factor apariencia.

3.4.2. Resultados diferenciados por variables (análisis de Tablas de contingencia)

A continuación se presentan los resultados obtenidos a partir del análisis de frecuencias mediante Tablas de contingencia:

1) Género.
2) Edad.
3) Tipo de centro.
4) Población.
5) IMC.
6) Morfotipo.
7) Nivel de AF.
8) Nivel de salud.

3.4.2.1. Resultados de Tablas de contingencia por género

Tras la aplicación de la prueba de contraste de varianzas Chi-cuadrado, se verifican diferencias significativas ($p=0.000$) favorables a los varones. Los chicos hacen deporte en mayor medida para tener una buena apariencia, estando de acuerdo el 27.7% con este posicionamiento, y el 7.8% muy de acuerdo. Entre las mujeres los datos son inferiores (16.6 y 3.1%), obtenido estas últimas mayores cifras cuando se cuantifican las respuestas que determinan el grado de disconformidad con esta respuesta (Figura 48).

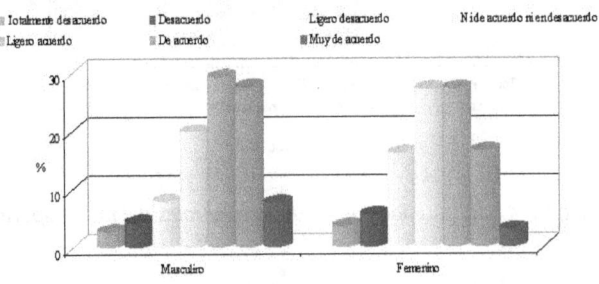

Figura 48. Resultados porcentuales del factor apariencia. Clasificación por género [masculino (n=1.143) y femenino (n=1.150)].

3.4.2.2. Resultados de Tablas de contingencia por edad

De los cuatro grupos de edad, los que están más en desacuerdo, con el hecho de hacer deporte por motivos de apariencia, son los de 13 años (3.8%). Cuando las respuestas se van haciendo positivas los sujetos de edad más avanzada aumentan su porcentaje, afirmando en mayor número que la apariencia es una razón de práctica de AF con la que están de acuerdo (Figura 49).

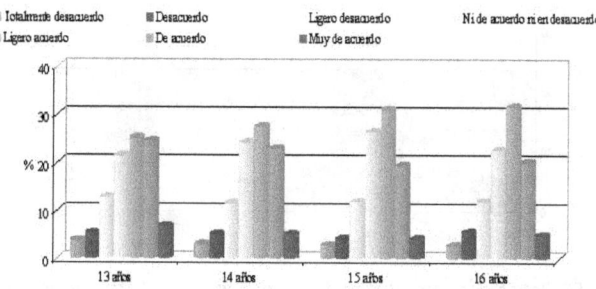

Figura 49. Resultados porcentuales del factor apariencia. Clasificación por edad [13 años (n=762), 14 años (n=574), 15 años (n=600) y 16 años (n=357)].

3.4.2.3. Resultados de Tablas de contingencia por tipo de centro

Para los alumnos de centros privados la apariencia dentro del ámbito de la AF es más importante que para los públicos, tanto es así que el 23.7% de los primeros está de acuerdo con esta teoría, por el 20.9% de sus compañeros de institutos públicos. Sin embargo, cuando están muy de acuerdo los porcentajes se invierten, posicionándose en primer lugar los públicos con el 5.7%. Los mayores niveles de descontento los registran los chicos de colegios públicos (Figura 50).

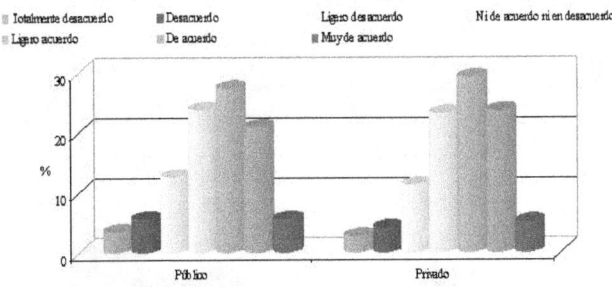

Figura 50. Resultados porcentuales del factor apariencia. Clasificación por tipo de centro [público (n=1.293) y privado (n=1.000)].

3.4.2.4. Resultados de Tablas de contingencia por población

El alumnado de poblaciones rurales no se siente tan atraído hacia la AF por razones de apariencia. De hecho, las mayores dosis de descontento se localizan en éste colectivo en comparación con los urbanos. Siendo estos últimos los que adquieren mayor representación cuando se manifiestan de acuerdo con esta tendencia (22.7%) o muy de acuerdo (5.8%), por delante del 20.8 y 4.6% de los de contexto rural. Este análisis descriptivo se realizó mediante Tablas de contingencia, utilizando como prueba de contraste de varianzas el test de Chi-cuadrado, manifestando diferencias significativas ($p=0.033$) favorables a los sujetos de contexto urbano (Figura 51).

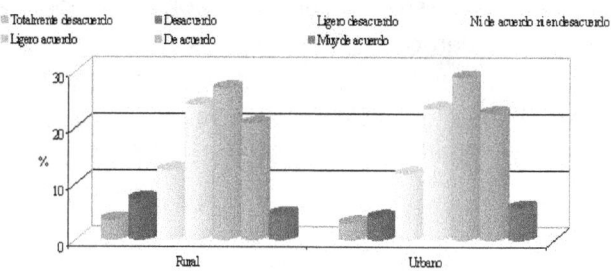

Figura 51. Resultados porcentuales del factor apariencia. Clasificación por población [rural (n=696) y urbano (n=1.597)].

3.4.2.5. Resultados de Tablas de contingencia por IMC

Los sujetos que tienen exceso de peso, sobre todo los obesos, son los que hacen AF con fines de apariencia física por delante de los normopeso. Así aparecen como de acuerdo el 30.9% de los obesos por el 20.9% de los normopeso, y como muy de acuerdo el 6.8 y 5.3% respectivamente (Figura 52).

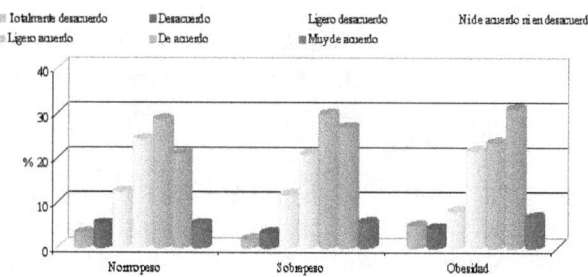

Figura 53. Resultados porcentuales del factor apariencia. Clasificación por IMC [normopeso (n=1.916), sobrepeso (n=212) y obesidad (n=162)].

3.4.2.6. Resultados de Tablas de contingencia por morfotipo

Los ectomorfos son los alumnos que hacen AF sin pensar en motivos de apariencia, en proporciones más elevadas que el resto de compañeros. Los más preocupados por este aspecto son los endomorfos, los cuales están de acuerdo con esta postura en un 25.8%, y muy de acuerdo en el 6.4% de los casos, en ambas situaciones datos superiores tanto a los mesomorfos como ectomorfos. Aplicada la prueba de contraste de varianzas chi-cuadrado, se obtuvieron diferencias significativas ($p=0.000$) tendentes a los ectomorfos (Figura 54).

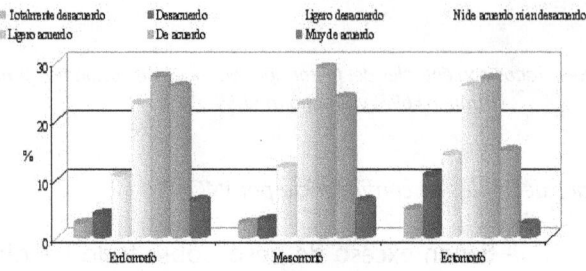

Figura 54. Resultados porcentuales del factor apariencia. Clasificación por morfotipo [endomorfo (n=592), mesomorfo (n=1.024) y ectomorfo (n=375)].

3.4.2.7. Resultados de Tablas de contingencia por nivel de AF

La prueba de contraste de varianzas Chi-cuadrado ofreció diferencias significativas ($p=0.005$) favorables a los activos, siendo éstos los que están más de acuerdo con hacer deporte por motivos de apariencia, con un 23.1% por delante del 21.4% de los sedentarios, o muy de acuerdo con cifras del 7.1 y 4.1% para ambos grupos. Por su parte, los inactivos copan los mayores registros en las respuestas que evidencian disconformidad con la apariencia y su relación con la AF (Figura 55).

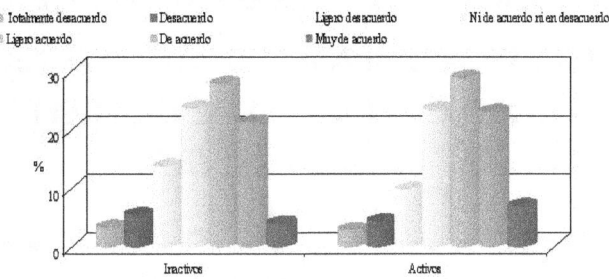

Figura 55. Resultados porcentuales del factor apariencia. Clasificación por nivel de AF [inactivos (n=1.256) y activos (n=1.034)].

3.4.2.8. Resultados de Tablas de contingencia por nivel de salud

Los sujetos que tienen mejor salud se preocupan más por la apariencia a la hora de hacer deporte, así el 22.6% está de acuerdo con esta opinión y el 5.8% muy de acuerdo. Por parte de los menos saludables los porcentajes son más bajos (19.7 y 3.7%), obteniendo cifras superiores en el tramo de respuestas que manifiestan descontento con la apariencia como elemento motivador hacia la AF (Figura 56).

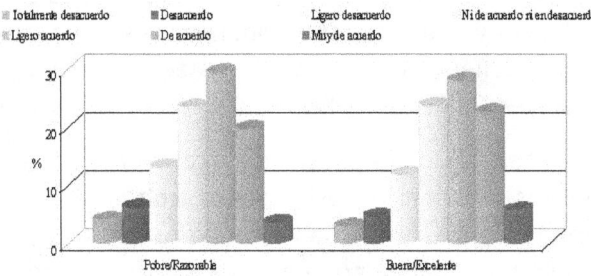

Figura 56. Resultados porcentuales del factor apariencia. Clasificación por nivel de salud [pobre/razonable (n=380) y buena/excelente (n=1.910)].

4. ANÁLISIS DE LAS MOTIVACIONES HACIA LA PRÁCTICA DE LA ACTIVIDAD FÍSICA EN LA ADOLESCENCIA DESDE DIFERENTES PERSPECTIVAS

El patrón normal de conducta durante la adolescencia, en personas de América del Norte, indica una disminución en la AF con el aumento de la edad, agravada por el constante descenso en su práctica de las mujeres frente a hombres (Trost y cols., 2002). Por motivos de salud y otros beneficios de la AF, estos niveles más bajos de AF entre los adolescentes de más edad resultan preocupantes.

Una explicación de la disminución de los niveles de AF, sobre todo en la primera mitad de la adolescencia, es el número de barreras que dificultan la participación. Estos obstáculos impiden a las personas realizar, mantener o aumentar la práctica de AF. Gran parte de los actuales trabajos empíricos que han examinado los obstáculos y otros factores que influyen en la actividad se componen de estudios cuantitativos, abordando diferentes correlaciones y elementos predictores de la AF, ejercicio y deporte. Estos factores se han clasificado y analizado como individuales y medioambientales (Sherwood y Jeffery, 2000) o como obstáculos internos y externos (Allison, Dwyer, Goldenberg, Fein y cols., 2005).

Sallis y cols. (2000) desarrollaron 5 categorías de estos factores: demográficos y biológicos, psicológicos, cognitivos y emocionales, de comportamiento y habilidades atributos sociales y culturales, y medio ambiente físico. Aunque no todos estos factores se consideran obstáculos a la AF, muchos se pueden conceptualizar como tal.

Castillo y Balaguer (2004) encontraron que el 80% de los adolescentes encuestados destacaron que el motivo de salud era muy importante para ellos a la hora de practicar AF. Otros elementos motivadores de gran representación (60%) eran la diversión y hacer nuevos amigos, así como ver a los amigos (41%). Los motivos relacionados con la aprobación social y demostración de habilidades fueron considerados como los menos importantes (8%) por los adolescentes valencianos escolarizados, considerando más relevantes todos los relacionados con ganar y ser una estrella del deporte.

En nuestro estudio, la opinión del alumnado en referencia al factor fitness como motivo principal de práctica de AF ofrece una media de respuestas de 5.19 y una desviación típica de 1.15. Porcentualmente, el valor máximo (40.5%) corresponde a los sujetos que dicen estar de acuerdo con la afirmación de hacer AF para mejorar su fitness y el valor mínimo (1.5%) a los que se encuentran totalmente en desacuerdo. Tras prueba de contraste de varianzas Chi-cuadrado se extraen diferencias significativas ($p=0.000$) tendentes al grupo con mejor salud, los cuales se mueven más por motivos de fitness que los menos saludables, el 42.8% de los primeros están de acuerdo con esta circunstancia por el 28.4% de los de salud pobre. Entre los que están muy de acuerdo los datos son del 7.3 y 2.4% en sendos grupos. Los mayores registros para los chicos de salud deteriorada están en los tramos de respuesta que expresan disconformidad con el fitness.

Gálvez Casas (2004), en un estudio con adolescentes murcianos, pidió a los sujetos activos que valoren de 1 a 5 los motivos por los que hacen AF. En primer lugar los alumnos consideraron la diversión como un motivo importante para su práctica, sobre todo para los chicos. Se observó también como el gusto por competir eleva los niveles de AF en ambos sexos, pero se reduce de forma notoria con el avance de la edad. Ante la mejora de la salud como elemento motivacional, los varones responden más favorablemente, al contrario que las mujeres. El deseo por mejorar la imagen corporal es un motivo importante en los hombres, según se deducen del aumento de la práctica de AF, no sucediendo lo mismo con las mujeres. Otro motivo es la posibilidad de hacer amigos a través de la práctica físico-deportiva, aumentando ésta en sujetos de ambos sexos y descendiendo con el paso de los años. Por último, si se considera como motivo recibir un mayor reconocimiento social, también se produce un aumento significativo tanto en chicos como en chicas.

La opinión de nuestro alumnado en referencia al factor disfrute/social como motivo principal de práctica de AF ofrece una media de respuestas de 4.82 y una desviación típica de 1.29. Porcentualmente, el valor máximo (31.7%) corresponde a los sujetos que dicen estar muy de acuerdo, con la afirmación de hacer AF como forma de disfrutar y mejorar las relaciones sociales, y el valor mínimo (2.2%) a los que se encuentran totalmente en desacuerdo. Esto evidencia que los adolescentes le otorgan mucha importancia a pasárselo bien haciendo deporte y sobre todo si se practica con sus amigos.

Los resultados obtenidos por Weinberg y Gould (1996) y Ponseti y cols. (1998) coinciden con los de Gálvez Casas (2004) cuando sostienen que llegada la adolescencia se produce un descenso en la práctica de AF, puesto que la obtención de reconocimiento y mejora de la competencia se torna más importante. Por su parte, Castillo y Balaguer (2004) resaltan que los principales motivos para la práctica de los adolescentes tienen que ver con la aprobación social y la demostración de habilidades, siendo fundamentales los motivos de salud (sobre todo entre el sexo femenino) y los de afiliación. Sus resultados demuestran que el 80% de los adolescentes evidencia hacer AF por razones de salud y el 60% por motivos socio-afectivos. En esencia, estos datos confirman lo encontrado recientemente por Gálvez Casas (2004) donde el 69% de los escolares durante la adolescencia manifiestan hacer AF como forma de mejorar su salud. Reforzando este posicionamiento, Torre (1998) destaca que los principales motivos para practicar AF en adolescentes están relacionados con la salud, diversión y la ocupación del tiempo libre. Por su parte, Rodríguez (2000) en su estudio llevado a cabo con adolescentes de entre 14 y 16 años, expone como motivos mantenerse en forma, estar físicamente bien, sentirse a gusto, mejorar su nivel, mejorar sus habilidades, poder competir, entretenerse, tener gusto por ganar y medir sus habilidades con el resto.

Años atrás, Vázquez (1993) anticipaba que los motivos que inducen a los jóvenes a practicar AF tienen que ver con la autoestima y la competición, en el caso de los varones, y la salud y la imagen corporal para las mujeres. Para este autor el deporte en España significa salud y entretenimiento para la mayoría de las personas.

En el estudio de Gálvez Casas (2004) los motivos principales por los que los chicos hacen AF están relacionados con la diversión (71.5%), reconocimiento social (59.7%), mejora de su imagen (53.7%) y hacer amigos (46.2%). Para las mujeres resaltan la salud (73.2%), diversión (63.4%), reconocimiento social (65.1%), mejorar su imagen (55.8%), hacer amigos (48.2%) y la competición (38.9%). En resumen, los varones tienden hacia aspectos competitivos y de diversión, y las mujeres valorar la salud, hacer amigos y el reconocimiento social.

4.1. MOTIVOS DE PRÁCTICA DE ACTIVIDAD FÍSICA EN FUNCIÓN DEL GÉNERO

Si se analizan los principales motivos que aducen los jóvenes para practicar AF, encontramos que las chicas consideran el ejercicio como *"forma de mejorar la salud mental*, y para los chicos el ejercicio aumenta la fuerza muscular"*. Otros afirman hacer AF porque *"les gusta ejercitarse*, y porque con *el ejercicio disminuye el estrés y la tensión"* (Kamarudin y Omar-Fauzee , 2007).

Si se analizan las estimulaciones hacia la AF derivadas de fitness (mejora de la salud), los hombres hacen más deporte por dichas motivaciones las mujeres. De hecho, los que dicen estar de acuerdo con este posicionamiento son el 45% por el 35.9% de las mujeres, y de entre quienes expresan estar muy de acuerdo las cifras oscilan entre el 9.6 y 3.3% respectivamente. Cuando los adolescentes expresan su descontento se contabilizan los mayores registros entre las chicas. Este análisis descriptivo se realizó mediante Tablas de contingencia, utilizando como prueba de contraste de varianzas el test de Chi-cuadrado, manifestando diferencias significativas (p=0.000) favorables a los hombres.

La mayoría de los escolares murcianos apuestan por la salud como principal motivo por el que realizar AF, seguido de la necesidad de diversión. Peiró y cols. (1995) constatan esta tendencia. En su estudio un 42.7% de los encuestados practican deporte por razones de salud, un 35% por diversión, y tan sólo un 9% como forma de mejorar su rendimiento. Llopis y Llopis (1999a), Reyes y Garcés de los Fayos (1999) y Castillo y Balaguer (2001) tienen opiniones muy parecidas (Gálvez Casas, 2004). García Ferrando (1996) y Llopis y Llopis (1999b) destacan que los motivos por los que se practican actividades físico-deportivas se centran en la diversión y el entretenimiento. Dentro de este último orden de cosas, los datos revelan que los varones son los que se mueven más por motivos de disfrute y mejora de las relaciones sociales, así se localizan los mayores registros en los niveles positivos de la escala de repuesta. El 8% de los hombres están en ligero desacuerdo con esta afirmación por el 16.2% de las mujeres. Cuando se observan los umbrales positivos estos datos se invierten, siendo los hombres los más representados, con el 27.7% de los que están de acuerdo, por el 16.6% de las chicas. Del grupo que manifiesta estar muy de acuerdo los porcentajes son del 7.8% y 3.1% respectivamente. Este análisis descriptivo se realizó mediante Tablas de contingencia, utilizando como prueba de contraste de varianzas el test de Chi-cuadrado, manifestando diferencias significativas ($p=0.000$) favorables a los varones.

De acuerdo con los estudios realizados por Zunft y cols. (1999), los adolescentes son conscientes de los beneficios de ser físicamente activos. Entre las principales motivaciones que les inducen a practicar AF están las relacionadas con *"el mantenimiento de la salud"* y *"ponerse en forma"*. Estos resultados son consistentes con el estudio de Kamarudin y Omar-Fauzee (2007), en el que la principal motivación entre los estudiantes varones a ejercer está relacionada con la salud, es decir, *"para incrementar mi fuerza muscular"*. Esto podría estar relacionado, con los atributos de fuerza y poder, imputados socialmente a los varones, y la importancia que algunos le confieren a que los niños se ajusten a los ideales de un cuerpo masculino (Daley y Hunter, 2001). Esta podría ser la razón por la cual los estudiantes varones en este estudio perciben en la fuerza el mayor beneficio de la AF.

Como se viene diciendo, uno de los mayores motivadores para el inicio/mantenimiento de la práctica de AF es el deseo de disfrute y diversión. Otra razón de la participación es la liberación emocional que se deriva de su práctica. En cambio, para Madanat y Merrill (2006) de entre todas las posibilidades, mantenerse en forma fue el mayor factor de motivación para la AF en todas las etapas de cambio. Ejerciendo las razones sociales menos influencia. Según Leenders, Sherman y Ward (2003) casi el 20% de los estudiantes indicó que *"para divertirse"* fue la razón más importante para el seguimiento de un programa de AF. Dentro del ámbito de lo social, resalta el estudio de Cervelló (2000) donde se destacan motivos de tipo social, búsqueda de competencias y de un mayor reconocimiento, y distintos aspectos recreativos.

Por su parte, Pavón (2001b) señala la existencia de 8 factores decisivos para la motivación hacia la práctica de AF, entre ellos están la necesidad individual de autorrealización, la búsqueda de la forma física, la sensación de catarsis o liberación, el desarrollo de las habilidades motrices y la búsqueda de distracción o esparcimiento.

Dentro de las razones para la participación en la AF, se adujeron motivaciones intrínsecas y extrínsecas:

Razones intrínsecas. Los participantes dijeron que participaban porque les resultaba agradable, otros mencionaron el reto y el desarrollo de habilidades como una razón para participar en la AF. Hubo quienes se sintieron atraídos por el desafío de dominar sus habilidades físicas, experimentando un sentimiento de satisfacción y logro cuando se trata de aprender nuevas competencias, y también porque hay quien ve en la AF una oportunidad de poner a prueba sus habilidades, es una forma de gozo al competir contra sí mismos (Allison, Dwyer, Goldenberg, Fein y cols., 2005).

Razones extrínsecas. Muchos relacionaron la AF como una forma de mejorar y potenciar las relaciones sociales. Por la mejora de la salud física y la contribución que todo esto puede tener en el mantenimiento de una apariencia atractiva, querían aparecer saludables y en forma para impresionar al sexo opuesto, sobre todo los varones, en definitiva para causar buena impresión a la gente y aumentar su reputación (Allison, Dwyer, Goldenberg, Fein cols., 2005).

En relación a los motivos de competición, existen diferencias significativas ($p<0.000$) favorables a los varones, siendo las mujeres las que menos importancia le otorgan a este aspecto. Cuando se aducen motivos hedonistas o de relaciones sociales vuelven a ser los varones los que más importancia le conceden a la hora de practicar actividades físico-deportivas. En líneas generales, las chicas otorgan más relevancia a los ítems que contabilizan los motivos relacionados con la forma física y la imagen personal, con la salvedad de los que aluden al desarrollo del cuerpo y la musculatura, donde son los varones los más representados. Cuando se analizan los motivos de salud médica (por prescripción médica y para prevenir enfermedades) las chicas se sienten más concienciadas que los chicos (Pavón, 2001b). De nuestro estudio se deduce que los varones tienen más interés en hacer deporte para ser mejores, más competitivos, mejorar sus habilidades, etc., con porcentajes favorables cuando se evidencian mayores dosis de conformidad con esta declaración. De los que dicen estar de acuerdo el 35.1% son hombres por el 14.5% que son mujeres, y si están muy de acuerdo los datos son del 8.7 y 2% respectivamente. Este análisis descriptivo se realizó mediante Tablas de contingencia, utilizando como prueba de contraste de varianzas el test de Chi-cuadrado, manifestando diferencias significativas ($p=0.000$) favorables a los chicos.

A caballo entre la estética y la salud aparece el estudio de Biddle y Claudio (2000), enfocado a las teorías del comportamiento en relación al ejercicio físico, en el cual se concluye que motivos relacionados con el control del peso y la apariencia física suelen ser más importantes para las mujeres que para los hombres. Todo ello se confirma en la presente investigación, puesto que la prueba de contraste de varianzas Chi-cuadrado, verifica diferencias significativas ($p=0.000$) favorables a los varones. Los chicos hacen deporte en mayor medida para tener una buena apariencia, estando de acuerdo el 27.7% con este posicionamiento y el 7.8% muy de acuerdo. Entre las mujeres los datos son inferiores (16.6 y 3.1%), obtenido estas últimas cifras mayores cuando se cuantifican las respuestas que determinan el grado de disconformidad con esta respuesta.

4.2. MOTIVOS DE PRÁCTICA DE ACTIVIDAD FÍSICA EN FUNCIÓN DE LA EDAD

La edad de los sujetos y determinados indicadores de motivación expresan diferencias significativas ($p<0.05$) favorables a los sujetos de menor edad, este es el caso de los ítems *"para sentirme importante ante los demás"* y *"porque quiero ser celebre y popular"*. El factor forma física e imagen corporal es más valorado entre los sujetos mayores de 21 años, en comparación con los de menor edad (Pavón, 2001b). Por el contrario, en nuestro estudio no se han obtenido diferencias significativas respecto a la edad de los sujetos. Aún así, de los cuatro grupos de edad, los que están más en desacuerdo, con el hecho de hacer deporte por motivos de apariencia, son los de 13 años (3.8%). Cuando las respuestas se van haciendo positivas los sujetos de edad más avanzada aumentan su porcentaje afirmando, en mayor número, que la apariencia es una razón de práctica de AF con la que están de acuerdo.

Los alumnos más jóvenes (menores de 21 años) son quienes mayor importancia le conceden a los aspectos competitivos del deporte, a compensar el sedentarismo en la vida cotidiana y a las capacidades personales, coincidiendo con las aportaciones de Moreno y Gutiérrez (1998), los cuales constataron que a menor edad menos interés se manifiesta por el rendimiento, la diversión y la relación social (Pavón, 2001b). Sin embargo, nuestros datos determinan que el dentro del grupo de adolescentes que practican deporte para ser más competentes destacan los de menor edad, con porcentajes del 28.9 y 6.6% afirmando estar de acuerdo y muy de acuerdo. En los tramos disconformes de la escala los valores se incrementan entre los sujetos de 15 y 16 años con respecto a los de edades inferiores. También se contabilizan diferencias significativas ($p=0.001$), mediante la prueba de contraste de varianzas Chi-cuadrado, favorables a los sujetos de menor edad.

También se desprenden diferencias significativas ($p<0.005$) entre los tres grupos de edad (8-10, 11-13 y 14-16) en el ítems *"recibir elogios"* como motivo de práctica de AF, siendo los sujetos de menor edad los que más lo valoran, al igual que en el *"gusto por el reconocimiento de parientes y amigos"* y en *"me gusta tener algo que hacer"*, en los tres casos la conformidad con estas afirmaciones desciende a medida que se incrementa la edad de las personas. Los sujetos de 8-10 años son los que más motivados se sienten por el deporte como forma de sentirse famosos e importantes, muy por delante de los de 14-16 años. En consonancia con este posicionamiento están los resultados del presente estudio, donde los sujetos que expresan un ligero desacuerdo con la afirmación de hacer AF por motivos de disfrute y relaciones sociales, son en cifras más elevadas los de 16 años (9.8%), de los que se manifiestan indiferentes los de 15 años con el 24.7% de los casos. En cotas positivas aparecen los que están en ligero acuerdo, con superiores registros en los de 16 años (33.1%) y los más reducidos para los de 13 (27.9%). En cambio, del grupo que está de acuerdo predominan los jóvenes (36.1%). En función de la edad se observan diferencias significativas ($p=0.007$), mediante la prueba de contraste de varianzas Chi-cuadrado, favorables a los sujetos de mayor edad.

4.3. MOTIVOS DE PRÁCTICA DE ACTIVIDAD FÍSICA EN FUNCIÓN DEL NIVEL DE ACTIVIDAD FÍSICA

En función del nivel de práctica deportiva sigue siendo la diversión y el ocio el principal motivo de inicio en la AF, seguido del motivo de estar en forma, a excepción del grupo de alto nivel de práctica deportiva que expresan el motivo por competir en segundo lugar, y en tercer lugar estar en forma (Palou, Ponseti, Gili, Borras y Vidal, 2005). En relación a la diversión y entretenimiento, los sujetos sedentarios perciben los motivos de disfrute y relaciones sociales del deporte más negativamente que los activos. De hecho, en las repuestas que constatan desacuerdo reflejan los mayores porcentajes. Cuando la percepción se vuele positiva son los activos los que incrementan sus porcentajes por encima de los sedentarios, como demuestran los que están de acuerdo (38.4%) o muy de acuerdo (5.9%), contabilizándose diferencias significativas ($p=0.000$), mediante la prueba de contraste de varianzas Chi-cuadrado, favorables a los activos.

De entre los motivos para el mantenimiento de la práctica de AF predominan la diversión (37%), mantenerse en forma (25.1%), llegar a ser un deportista profesional (15.1%) y competir (9.7%) (Palou, Ponseti, Gili, Borras y Vidal, 2005). Los datos revelan que los sujetos activos son los que hacen deporte por razones de competencia, en porcentajes más elevados que los sedentarios. Así, el 29% está de acuerdo con esta afirmación y el 8.7% muy de acuerdo, en el caso de los sedentarios las cifras son del 21.3 y 2.5% respectivamente. En los tramos de mayor desacuerdo los adolescentes inactivos son los que adquieren mayor representación muestral. Confirmándose diferencias significativas ($p=0.000$), mediante la prueba de contraste de varianzas Chi-cuadrado, tendentes a los sujetos activos. Según el estudio de Castillo y Balaguer (2004) los motivos de aprobación social y demostración de capacidades, entre los chicos son mayores que entre las chicas, experimentando un descenso paulatino en ambos sexos a medida que se hacen mayores. Respecto a los motivos de salud no se han contabilizado diferencias por género ni por grupos de 11, 13 y 15 años de edad. Sin embargo, sí se han localizado diferencias entre los adolescentes de 17 años, siendo las chicas que las que otorgan valores más elevados en este indicador. Para los motivos de afiliación (amistades y grupo de iguales) los chicos de 13 años los consideran más importantes que las chicas.

Por otro lado, resalta el descenso que experimenta el motivo de mantenerse en forma a medida que el nivel de práctica de AF aumenta, a diferencia de lo que ocurre con el motivo de convertirse en deportista de élite que va incrementándose conforme aumenta el nivel de práctica deportiva (Palou, Ponseti, Gili, Borras y Vidal, 2005). Nuestros datos no coinciden con los anteriores, puesto que el colectivo de sujetos activos hace deporte por motivos de mejora del fitness en mayor medida que los sedentarios. Así lo atestiguan los porcentajes, con el 44.8% si están de acuerdo y el 9.6% si muy de acuerdo. En cambio, para los inactivos las cifras son del 36.9 y 3.9% en ambas respuestas. Siendo además este grupo el que demuestra más insatisfacción con esta afirmación. Por tanto, se evidencian diferencias significativas ($p=0.000$) a favor de los activos.

4.4. BARRERAS MOTIVACIONALES QUE CONDICIONAN LA PRÁCTICA DE ACTIVIDAD FÍSICA

Los diferentes modelos de adherencia a la AF ponen de relieve la existencia de dimensiones que obstaculizan la aparición de esta conducta y que se denominan de forma genérica barreras. La intención para llevar a cabo una conducta junto con la percepción de la facilidad o dificultad para llevarla a cabo son los mejores predictores de las conductas relacionadas con la salud y el ejercicio (Serra Puyal, 2008).

Las principales barreras que dificultan la práctica de AF son la falta de tiempo, la participación en actividades relacionadas con la tecnología; influencia de los compañeros, padres y profesores; preocupación por la seguridad, la inaccesibilidad de las instalaciones y el coste de la utilización de los mismos; competencia (Dwyer, Kenneth, Allison, Goldenberg, Fein, y cols., 2006). La edad, las diferentes etapas de la vida, puede ser considerada para abordar toda una serie de eventos que sirven como barreras a la AF. Actividades que a priori pueden resultar competidoras de la AF son el tiempo invertido en las relaciones interpersonales y de citas, la obtención del permiso de conducir, los estudios, el trabajo, etc. (Allison, Dwyer, Goldenberg, Fein y cols., 2005).

Algunas de las barreras más importantes percibidas por los estudiantes de secundaria incluyen querer hacer otras cosas con su tiempo, la falta de tiempo en general (Tergerson y King, 2002), o específicamente debido a la escuela, trabajo, otros intereses o actividades familiares, la falta de interés, falta de ánimo (Allison, Dwyer y Makin, 1999); sentimiento de cansancio (Tergerson y King, 2002), y el no tener el clima de práctica deportiva adecuado por razones de falta de competencia física, limitaciones financieras, relacionadas con el problema del transporte y la falta de equipo deportivo adecuado.

Esta falta de tiempo como elemento limitante de la práctica de AF también fue hallado en varios estudios (Harris, 1993; O'Dea, 2003; Robbins y cols., 2008). Las principales actividades que limitan el tiempo son las tareas de la escuela, el trabajo y las responsabilidades familiares, así como los intereses en las actividades relacionadas con la tecnología. Los adolescentes deben ser animados a aumentar su AF y disminuir la cantidad de tiempo que gastan en actividades sedentarias, tales como el uso de Internet y ver televisión. Ante esta situación se destaca el papel clave que deben desempeñar las escuelas, mediante la asignatura de EF, ya que esta puede ser una de las pocas oportunidades para algunos adolescentes de ser físicamente activos.

Junto con la escasez de tiempo, una mala experiencia anterior o la aversión hacia el ejercicio (Harris, 1993) o educación física (Coakley y White, 1992; Taylor y cols., 1999), y el sentimiento de incompetencia (Harris, 1993) fueron también importantes obstáculos a la práctica de AF.

En la Unión Europea la falta de tiempo también fue la barrera más frecuente, motivada por el trabajo o el estudio. En un estudio de Kamarudin y Omar-Fauzee (2007), sobre las actitudes de estudiantes universitarios hacia la AF, las mujeres destacan que los principales obstáculos que perciben son el coste elevado de la práctica deportiva (Coakley y White, 1999), que en su familia no les animan y el sentimiento de vergüenza al practicar actividad físico-deportiva (Coakley y White, 1999). Esta sensación de pudor es más común entre los chicos en comparación con las chicas. Por su parte, los varones sostienen como barreras que el ejercicio físico les resta tiempo para estar con la familia, que les da vergüenza practicar AF y que el ejercicio físico les quita tiempo de sus responsabilidades familiares. Existen diferencias en función del sexo. De hecho, los padres tradicionalmente tienden a desalentar a las niñas a participar en la actividad físico-deportiva, porque según los estereotipos sociales es una actividad esencialmente masculina. Por tanto, las mujeres reciben menos apoyo y aliento hacia la AF y el deporte (Gottlieb y Chen, 1985).

Diferenciando por género, los chicos son más propensos a percibir los beneficios que se derivan de la práctica de AF, mientras que las chicas destacan las barreras (Brettschneider y Naul, 2004). Sallis y cols. (2000) hicieron una revisión de las principales variables relacionadas con la AF entre los adolescentes, poniendo de relieve que la accesibilidad a las instalaciones y programas de AF, así como el tiempo que los niños pueden pasar en la calle se relacionan con el nivel de práctica que tienen.

De forma general, la percepción de los obstáculos planteados a la participación en la actividad física se divide en barreras internas y externas:

Barreras internas. Motivadas por las características individuales, donde se le otorga menor prioridad para la AF y mayor a la participación en actividades relacionadas con la tecnología.

Barreras externas. Derivadas de la influencia de los compañeros, familiares y amigos, por la falta de tiempo, y la inaccesibilidad y el costo de las instalaciones) (Allison, Dwyer, Goldenberg, Fein y cols., 2005).

4.5. QUÉ SE PUEDE HACER PARA AUMENTAR LA PRÁCTICA DE ACTIVIDAD FÍSICA

En un estudio llevado a cabo por Allison, Dwyer, Goldenberg, Fein y cols. (2005) los participantes presentaron varias sugerencias acerca de lo que se puede hacer en la comunidad para aumentar la AF entre los adolescentes. En primer lugar, la AF debe ser presentada de forma más atractiva a los jóvenes. En segundo lugar, los participantes sugirieron que un medio ambiente más favorable beneficia la práctica de AF. Asimismo, sugirieron que la EF en las escuelas debería ser obligatoria. Los participantes activos dijeron que el hecho de tener instalaciones cerca de donde viven les permiten practicar AF con más frecuencia, los inactivos por su parte señalaron que es necesario mejorar las instalaciones disponibles. Algunos recomiendan más programas de AF organizada y facilitar la inscripción en los mismos. En lo que coincidieron, tanto los activos como inactivos, fue en resaltar la necesidad de una mejor dotación de medios deportivos (Allison, Dwyer, Goldenberg, Fein y cols., 2005).

Otro de los factores importantes para el inicio o mantenimiento en la práctica deportiva es la disponibilidad de tiempo, la facilidad de acceso a las instalaciones, las influencias familiares, las influencias de los iguales y la propia actitud hacia la AF (Kerner y Grossman, 2001).

4.6. MOTIVOS DE INICIO PARA LA PRÁCTICA DE ACTIVIDAD FÍSICA

Los adolescentes encuentran la mayor fuente de motivación para iniciarse en la práctica de actividad físico-deportiva entre los amigos (33.6%). Diferenciando las respuestas por género se obtienen diferencias significativas ($p<0.0001$) favorables a los varones, pues son los que más influenciados se sienten por sus amistades. Los hombres consideran que la segunda influencia para ellos son sus padres, mientras que para las mujeres son sus amigos. En tercer lugar, los padres para las chicas, y otros motivos no determinados para los chicos. Los principales motivos que atraen a los sujetos a practicar AF son la diversión y el ocio (31.4%), y mantenerse en forma (23.5%) también adquiere cotas relevantes (Palou y cols., 2005).

4.7. PERSONAS QUE MOTIVAN A LOS SUJETOS PRACTICANTES DE ACTIVIDAD FÍSICA

De la revisión realizada por Van der Horst y cols. (2007) se comprobó que para los chicos era muy importante el apoyo recibido por parte de sus padres para animarles a realizar AF, pero no para las chicas. Los estereotipos que los padres muestran a sus hijas, siguen vigentes, y esto tiene un efecto innegable en su relación con la actividades físico-deportivas (Fernández, Contreras, Sánchez y Fernández-Quevedo, 2003). La falta de apoyo ofrecido a las adolescentes por parte de los padres, amigos y profesorado, según Neumark-Sztainer y cols. (2003), es uno de los tres aspectos fundamentales para explicar el descenso de la práctica femenina. En el estudio de Serra Puyal (2008) el profesor de EF también se muestra como un elemento importante en el apoyo social, pero sólo para las chicas y adolescentes de primer ciclo.

Siguiendo con este último autor, además de la influencia de los padres, los amigos son considerados un gran apoyo por parte de los chicos, mientras que las chicas perciben la mayor ayuda de parte de sus madres, hermanas y el profesor de EF. Para Montil (2004), las chicas también otorgaban más valor al apoyo de los padres que al de los hermanos. En esta misma teoría aparecen Bois (2003) al afirmar que los padres tienen superiores percepciones sobre la competencia de los hijos que de las hijas, lo que al final se traduce en un mayor apoyo al sexo masculino.

En el estudio de Serra Puyal (2008) sobre adolescentes de la provincia de Huesca, la edad es una variable a tener en cuenta. Así los sujetos de primer ciclo se sienten más apoyados por sus progenitores, hermanos, profesorado y personal sanitario, mientras que para los escolares de segundo ciclo el mayor sostén lo reciben de sus hermanas. Los sujetos con mayor percepción de autoeficacia opinaron que los padres, madres, hermanos y amigos les apoyaron para realizar AF. Por tanto, los sujetos más activos son los que sienten mayor respaldo. También cabe destacar una diferencia por género, donde los varones presentan niveles superiores de práctica de AF, recibiendo más ayuda por parte de sus padres. Sin embargo, las chicas que siempre resultan menos activas, son más receptivas a las influencias paternas (Raudsepp, 2006; Ornelas y cols., 2007).

BIBLIOGRAFÍA

Aaron, D.J., Kriska, A.M., Dearwater, S.R., Anderson, R., Olsen, T.L., Cauley, J.A. y cols. (1993). The epidemiology of leisure physical activity in an adolescent population. *Medicine and Science in Sports and Exercise, 25*(7), 847-853.

Aaron, D.J. y Laporte, R.E. (1997). Physical activity, adolescence and health: an epidemiological perspective. En J.O. Holloszy (Ed.). *Exercise and sport Sciences Reviewa*. London: Williams and Wilkins.

Adams, T. y Rynteson, P. (1992). A comparision of attitudes and exercise habits of alumni from collages with vanying negrees of physical education activity programs. *Research Quartely for Exercise and Sport, 63*(2), 147-152.

Agustín, J.P. (1981). Cadres de vie urbaine et activités ptysiques et esportives Dans l'agglomeration de Bourdeaux. *Révue Geographique des Pyénées et du sud-oest. 52*(3), 291-312. Toulose.

Ajzen, I. (1985). From intentions to actions: a theory of planned behaviour. En J. Kuhl y J. Beckmann (Eds.). *Action Control: from cognition to behaviour* (pp. 11-39). Heidelberg: Springer.

Ajzen, I. (1991). The theory or planned hebaviour. *Organizacional Behaviours and Human Decision Process, 50*, 179-211.

Allison, K.R., Dwyer, J.J.M., Goldenberg, E., Fein, A., Yoshida, K.K. y Boutilier, M. (2005). Male adolescent's reasons for participating in physical activity, barriers to participation, and suggestions for increasing participation. *Adolescence, 40*, 155-170.

American College of Sport Medecine. (1991). *Guidelines for exercise testing and prescription* (4ª ed.). Philadelphia: Lea & Febiger.

American College of Sport Medecine. (1998). The recommended quantity and quality of exercise for developing and maintaining cardiorespiratoty and muscular fitness and flexibility in healty adults. *Med Sci Sport Exerc, 30*(6), 975-91.

Amstrong, N. (1989). Children are fit but not active. *Education and Health, 7*, 28-32.

Andersen, N. y Wold, B. (1992). Parental and peer influences on leisure-time physical activity in young adolescents. *Research Quarterly for Exercise and Sport, 63*, 341-348.

Arruza, J.A., Arribas, S., Gil de Montes, L., Irazusta, S., Romero, S. y Cecchini, J.A. (2008). Repercusiones de la duración de la actividad físico-deportiva sobre el bienestar psicológico. *Revista Internacional de Medicina y Ciencias de la Actividad Física y el Deporte, 8*(30), 171-183.

Aznar, S., Barnes, K., Page, A., McKenna, J., Riddoch, C., Christopher, M., y cols. (1997). Familial influences on adolescent's physical activity. En N. Amstrong, B.J. Kirby & J.R. Welsman (Eds.), *Children and exercise XIX* (pp. 163-168). London: E % FN Spon.

Bailey, R. (2006). Physical Education and Sport in Schools: a Review of Benefits and Outcomes. *The Journal of School Health. Kent, 76*(8), 397-402.

Bakker, F.C., Whiting, H.T.A. y Van der Brug, H. (1990). *Sport psychology, Concepts and applications*. Chilcester: John Wiley & Sons.

Balaguer, I. y Castillo, I. (2002). Actividad física, ejercicio físico y deporte en la adolescencia temprana. En I. Balaguer (Ed.), *Estilos de vida en la adolescencia* (pp. 37-64). Valencia: Editorial Promolibro.

Balaguer, I. y García-Merita, M.L. (1994). Exercici fisic i benestar psicològic. *Anuario de Psicología, 1*, 2-26.

Bandura, A. (1986). *Social foundation of thought and action*. Englewood Cliffs, NJ: Prentice Hall.

Bandura, A. (1999). *Auto-eficacia: cómo afrontamos los cambios de la sociedad actual*. Bilbao: Desclée de Brouwer, D.L.

Bar-Or, O. y Malina, R.M. (1995). Activity, fitness and health of children and adolescents. En L.W. Chenung y J.B. Richmond (Eds.). *Child health, nutrition and physical activity*. Champaing, IL: Human Kinetics.

Becker, M.H. y Maiman, L.A. (1975). Sociobehavioral determinants of complicance with health and medical care recomendations. *Medical Care, 13*(1), 10-24.

Bellido, D. (2006). El paciente con exceso de peso: guía práctica de actuación en Atención Primaria. *Rev. Esp. Obes., 4*(1), 33-44.

Bellido, D. y Carreira, J. (2006). Desarrollo de ecuaciones predictivas para el cálculo de composición corporal por impedanciometría. *Rev. Esp. Obes., 4*(2), 97-106.

Berger, B.G., Owen, D.R. y Man, F. (1993). A brief review of literature and examination of acute mood benefits of exercise in Czechislovakian and United States Swimmers. *International Journal of Sport Phychology, 24*(2), 130-150.

Biddle, S.J. y Claudio, R.N. (2000). Theories of Exercise Behaviour. *International Journal of Sport Psychology, 31*, 290-304.

Biddle, S. y Mutrie, M. (1991). *Psychology of physical activity and exercise: a health-related perspective.* London: Springer-Verlag.

Biddle, S.J., Gorely, T., Marshall, S.J., Murdey, I., Cameron, N. (2004). Physical activiy and sedentary behaviour in youth: issues and controversies. *J R Health, 124*(1), 29-33.

Blackburn, H. (1991). The potencial for prevention of atherosclerosis in childhood. En C.L. Williams y E.L. Wynder (Eds.). *Hiperlipidemia in childhood and the development of atherosclerosis.* New Yotk: New York Academy of Sciences.

Blasco, T. (1994). *Actividad física y salud.* Barcelona: Martínez Roca.

Bois, J. (2003). Socialisation de l'activité physique et des pereceptions de competénce: *le role des parents chez l'enfant et le préadolescent.* Tesis Doctoral. Univesity de Grenoble.

Bolliet, D. y Schmitt, J.P. (2002). *La socialisation.* París: Breal.

Boratia, A. (2008). Ejercicio, piedra angular de la prevención cardiovascular. *Rev Esp Cardiol, 61*(5), 514-528.

Borra, S.L., Schwartz, N.E., Spain, C.G. y Natchipolsky, N.M. (1995). Food, physical activity and fun: inspiring America's kids to more healthful lifestyles. *Journal of the American dietetic Association, 7*, 816-818.

Bouchard, C., Shephard, R.J. y Stephens, T. (1994). *Physical activity, fitness and health: international preceedings and consensus statement.* Champaing, IL: Human Kinetics.

Bowker, A. (2006). The Relationship Between Sports Participation and Self-Esteem During Early Adolescence. *Canadian Journal of Behavioural Science,38*(3), 214-16.

Brawley, L.R. y Poag-DuCharme, K.A. (1993). Self-efficacy theory and the prediction of exercise behavior in the community setting. *Journal of Applied Sport Psychology, 5*(2), 178-194.

Brettschneider, W.B. y Naul, R. (2004). Study on young people´s lifesltyle and sedentariness and the role of sport in the context of education and as a means of restoring the balance. Final report. University of Paderborn: Council of Europe.

British Heart Foundation. (1996). *Coronary Heart Disease Statistics.* London: Factsheet.

Bungum, T.J. y Morrow, J.R. (2000). Differences in self-reported rationale for perceived increases in physicl activity by ethnicity and gender. *Research Quartely for Exercise and Sport, 71*(1), 55-60.

Cale, L. y Harris, J. (1993). Exercise Recomendation for Children and Young People. *Physical Education Review, 16*(2), 89-98.

Calfas, K.J., Sallis, J.F., Lovato, C.Y. y Campbell, J. (1994). Physical activity and its determinants before and after college graduation. *Medicine Exercise Nutrition Health, 3,* 323-334.

Cantera, M.A. (1997). Niveles de actividad física en la adolescencia. Estudio realizado en la población escolar de la provincia de Teruel. Tesis Doctoral. Universidad de Zaragoza.

Cantera, M.A. y Devís, J. (2002). La promoción de la actividad física relacionada con la salud en el ámbito escolar: implicaciones y propuestas a partir de un estudio realizado entre adolescentes. *Apunts: Educación Física y Deportes, 67,* 54-62.

Cantera, M.A., Devís, J. y Peiró, C. (2002). Niveles de actividad física en adolescentes ingleses y españoles: un estudio comparativo. *Actas del II Congreso de Ciencias del Deporte.* INEF: Madrid.

Cantón, E. y Sánchez, M.C. (1997). Deporte y calidad de vida: motivos y actitudes en una muestra de jóvenes valencianos. *Revista de Psicología del Deporte, 12,* 119-135.

Carrión, C. (2006). *La mujer universitaria y el consumo de actividad físico-deportiva.* Valencia: Servicio de Publicaciones de la Universidad de Valencia.

Casimiro, A.J. (1999). Comparación, evolución y relación de hábitos saludables y nivel de condición física-salud en escolares, entre final de educación primaria (12 años) y final de educación secundaria obligatoria (16 años). Tesis Doctoral. Universidad de Almería, Servicio de Publicaciones, D.L.

Casimiro, A.J. (2002). *Hábitos deportivos y estilos de vida de los escolares almerienses*. Almería: Instituto de Estudios almerienses.

Casimiro, A.J. y Añó, V. (2003). Imagen social de los juegos mediterráneos y hábitos deportivos de la sociedad almeriense. Ed: Universidad de Almería.

Caspersen, C.J., Powell, K.E. y Chistensen, G.M. (1985). Physical activity, exercise and physical fitness: definitions and distintions for healthrelated research. *Public Health Reports, 100*, 126-131.

Castillo, I. (1995). Socialización de los estilos de vida y de la actividad física: un estudio piloto con jóvenes valencianos. Tesis de licenciatura. Universidad de Valencia, Facultad de Psicología.

Castillo, I. y Balaguer, I. (2004). Dimensiones de los motivos de práctica deportiva de los adolescentes valencianos escolarizados. *Apunts. Educación Física y Deportes, 63*, 22-29.

Castillo, I., Balaguer, I., García-Merita, M., y Valcárcel, P. (2004). Papel de la familia y de los pares en el estilo de vida de los adolescentes. *Encuentros de Psicología Social, 21*(1), 20-26.

Castillo, I., Balaguer, I. y Tomás, I. (1997). Predictores de la práctica de actividades físicas en niños y adolescentes. *Anales de Psicología, 13*(2), 189-200.

Ceballos, O. (2001). Actividad y condición física en escolares adolescentes de las ciudades de Zaragoza (España) y Monterrey (México). Tesis Doctoral. Ciencias de la Actividad Física y el Deporte. Zaragoza.

Cervelló, E. (2000). Una explicación de la motivación deportiva y el abandono desde la perspectiva de la Teoría de Metas: propuestas para favorecer la adherencia a la práctica deportiva. *Primer Congreso Hispano-Portugués de Psicología*. Santiago de Compostela.

Chen, W. (1998). Chinese and American college students' motives for participation in physical activities. *Perceptual Motor Skills, 87*(3), 1463 - 1470.

Coakley, J. y White, A. (1992). Making decisions: gender and soport participation among british adolescents. *Sociology of Sport Journal, 9*, 20-35.

Consejería de Educación. (2009). *Estadística de la Educación en Andalucía Curso 2008-2009. Educación Secundaria. Datos generales.* Unidad Estadística. Servicio de estadísticas de la Consejería de Educación de la Junta de Andalucía.

Corbin, C.B., Cuddihy, T.F. y Dale, D. (2002). A short instrument for assessing intrinsic motivation for physical activity. *Physical Educator, 59*(1), 26-37.

Cordente, C.A. (2006). Estudio epidemiológico del nivel de actividad física y de otros parámetros de interés relacionados con la salud biopsico-social de los alumnos de E.S.O. del municipio de Madrid. Tesis doctoral. Universidad de Castilla la Mancha.

Costa, M. y López, E. (2000). Educación para la salud: una estrategia para cambiar los estilos de vida. Madrid: Pirámide.

Crawford, D.W. y Godbey, G. (1987). Reconceptualizing barrieres to family leisure. *Leisure Sciences, 9*(2), 119-127.

Dale, D., Welk, G.J. y Matthews, C.E. (2002). Methods for assesing physical activity and challenges for research. In Welk, J.G. (Ed.). *Physical activity assessments for health-related reserach.* Iowa State University. Champaign, I.L.: Human Kinetics, Inc.

De Andrés, B. y Aznar, P. (1996). Actividad física, deporte y salud: factores motivacionales y axiológicos. *Apunts: Educación Física y Deportes, 46,* 12-18.

Devís, J., Peiró, C., Pérez, V., Ballester, E., Devís, F., Gomar, M.J. y Sánchez, R. (2000). *Actividad física, Deporte y Salud.* Barcelona: Inde.

Dietz, W.H. (2005). Physical Activity Recomendations: Where do we from here? *J Pediatric, 146,* 719-720.

Dietz, W.H. y Gortmaker, S.L. (1985). Do we fatten our children at the television set? Obesity and television in childre ad adolescents. *Pediatrics, 75*(5), 807-812.

Dishman, R.K., Sallis, J.F. y Orenstein, D.R. (1985). The determinants of Physical Activity and Exercise. *Public Health Reports, 100,* 158-172.

Dubbert, P.M., Martín, J.E. y Epstein, J.H. (1986). Exercise. En K.A. Holroyd y T.L. Creer (Eds.), *Self-management of chronic disease.* Orlando: Academic Press, Inc.

Duda, J.L. (1995). Motivación en los escenarios deportivos: un planteamiento de perspectivas de meta. En G.C. Roberts, (Ed.), *Motivación* en el deporte y el ejercicio, (pp. 85-122). Bilbao: Desclée De Brouwer.

Durand, M. (1988). El niño y el deporte. Barcelona: Piados.

Dwyer, J.J.M, Allison, R.K., Goldenberg, E.R., Fein, A.J. y cols. (2006). Adolescente girls´ percieved barriers to participation in physical activity. Adolescence, 41(161); 75-90.

Eccles, J.S. y Harold, R.D. (1991). Gender differences in sport involvement: applying the eccles´ expectancy-value model. Journal of Applied Sport Psychology, 3(1), 7-35.

Escartí, A. y Brustad, R. (2000). El estudio de la motivación deportiva desde la perspectiva de la teoría de metas. Primer Congreso Hispano-Portugués de Psicología. Santiago de Compostela.

Fernández, E., Contreras, O.R., Sánchez, F. y Fernández-Quevedo, C. (2003). Evolución de la práctica de la actividad física y el deporte en mujeres adolescentes e influencia en la percepción del estado general de salud. En A.A.V.V. Estudios sobre Ciencias del Deporte. Serie de investigación nº 35 (pp. 25-60). Madrid: Consejo Superior de Deporte. Ministerio de Educación y Cultura.

Gálvez, A.A. (2004). Actividad física habitual de los adolescentes de la región de Murcia. Análisis de los motivos de práctica y abandono de la actividad físico-deportiva. Tesis doctoral no publicada. Universidad de Murcia, Murcia.

García Ferrando, M. (1990). Aspectos sociales del deporte: Una reflexión sociológica. Madrid: Alianza Editorial.

García Ferrando, M. (1993). Tiempo libre y actividades deportivas de la juventud en España. Madrid: Ministerio de Asuntos Sociales.

García Ferrando, M. (2001). Los españoles y el deporte: prácticas y comportamientos en la última década del siglo XX. Encuesta sobre los hábitos deportivos de los españoles, 2000. Madrid: Ministerio de Educación, Cultura y Deporte. Consejo Superior de Deportes.

García Montes, M.E. (1997). Actitudes y comportamientos de la mujer granadina ante la práctica física de tiempo libre. Tesis Doctoral. Granada: Universidad de Granada.

Garcés de los Fayos, E., Teruel, E., Jiménez, G. y García, C. (1995). Determinantes motivacionales y propensión al abandono deportivo. Actas del *Congreso Nacional de la Actividad Física y el Deporte* (pp. 90-95). Valencia: Universidad de Valencia.

Gavarry, O., Giacomoni, M., Bernard, T., Seymat, M. y Falgairette, G. (2003). Habitual physical activity in children and adolescents during school and free days. *Medicine ans Science and in Sport and Exercise, 35*(3), 525-531.

Giddens, A. (1991). *Sociología*. Madrid: Alianza Editorial, D.L.

Gorely, P.J. y Gordon, S. (1995). An examination of the transtherorectial on exercise behaviour in older adults. *Journal of Sport and Exercise, 4*, 312-324.

Gottlieb, N.H. y Chen, M.S. (1985). Socio-cultural correlates of childhood sporting activities: their implications for heart health. *Social Sciences and Medicine, 21*, 533-539.

Greendorfer, S.L. (1983). *The sporting woman*. Champaign, IL: Humana Kinetics Publishers.

Grieser, M., Vu, M.B., Bedimo-Rung, A.L., Neumark-Sztainer, D., Moody, J., Young, D.R., y cols. (2006). Physical activity, attitudes, preferences, and practices in African American, Hispanic, and Caucasian girls. *Health Education and Behavior, 33*, 40-51.

Grubbs, L. y Carter, J. (2002). The relationship of perceived benefits and barriers to reported exercise behaviors in college undergraduates. *Family and Community Health, 25*(2), 76-84.

Gutiérrez, M. (2000a). Aspectos del entorno escolar y familiar que se relacionan con la práctica deportiva en la adolescencia. *Primer Congreso Hispano-Portugués de Psicología*. Santiago de Compostela.

Gustavo, M. (2006). Explicación de un modelo integrador sobre la relación de causalidad entre la actividad física, la salud y el riesgo de muerte prematura. *Apunts: Educación Física y Deportes, 85*, 15-27.

Hancox, R.J. y Poulton, R. (2006). Watching televisión is associated with childhood obesity: But is it clinical important? *Int J Obes, 30*(1), 171-175.

Hardy, L.L., Doobbins, T., Booth, M.L., Denney-Wilson, E. y Okley, A.D. (2006). Sedentary behaviours among australian adolescents. *Australian and New Zeland Journal of Public Health, 30*(6), 534-540.

Harter, S. (1987). Effectance motivation reconsidered. *Human Development, 21*, 34-64.

Harris, J. (1993). Young people's perceptions of health, fitness and exercise. *British Journal of Physical Education Research Supplement, 13*, 5-9.

Hausenblas, H.A., Nigg, C.R., Symons, D., Flemings, D.S. y Connaughton, D.P. (2002). Perceptions of exercise stages, barriers self-efficacy and decisional balance for middle-level school students. *Journal of Early Adolescence, 22*, 436-454.

Health Education Authority. (1997). *Young people and health: Health behaviour in school aged children*. A report of the 1997 Findings. London: HEA.

Hellín, P. (2003). Hábitos físico-deportivos en la Región de Murcia: implicaciones para la elaboración del currículo en el ciclo formativo de Actividades Físico-deportivas. Tesis doctoral no publicada. Universidad de Murcia, Murcia.

Hendry, L.B. (1978). Le sport, les loisirs et les jeunes qui quiten l'ecole. Resultant des recherches effetueés en Grande Bretagne. *Dins del Raport final du Seminatre pour les jeunes qui quitten l'école*. Boson. Stockholm, F.S.S. et C.E.

Hernández, M. (1999). El control de la información como avance de gestión. En servicio de Deportes de la Universidad de Jaén. *VI Jornadas de Deporte Universitario del Grupo Sur*. Jaén: Servicio de Deportes de la Universidad de Jaén.

Higginson, D.C. (1985). The influence of socializing agents un the female sport participation process. *Adolescence, 20*(7), 73-84.

INJUVE (2000). *Informe de la Juventud en España*. Madrid: Ministerio de Trabajo y Asuntos Sociales.

Instituto de investigación sobre el crecimiento y desarrollo. (2004). *Curvas y tablas de crecimiento (Estudio longitudinal y transversal)*. Fundación Faustino Orbegozo Eizaguirre: Bilbao.

Janssen, I., Katzmarzyk, P.T., Boyce, W.F., Vereecken, C., Mulvihill, C., Roberts, C. y cols. (2005). Comparision of overweight and obesity prevalence in school-aged yunth from 34 countries and their relationships with physical activity and dietary patterns. *Obesity Reviews: As Official Journal of the Intenational Association for the Study of Obesity, 6*(2), 123-132.

Jara, P. (1997). Procesos motivacionales y establecimiento de objetivos. En E.J. Garcés de los Fayos (Ed.). *Manual de psicología del deporte*.

Conceptos y Aplicaciones (pp. 85-115). Murcia: Capítulo Tres Editores.

Johson, R.K. (2001). Energía. En: Mahan, K. Escou-Stump (ed). Nutrición y dietoterapia de de Krause. México: Mc Graw Hill Interamericana, 20-32.

Kamarudin, K. y Omar-Fauzee, M.S. (2007). Attitudes Toward Physical Activities Among College Students. *Pakistan Journal of Psychological Research, 22*(1/2), 43-55.

Kautiainen, S., Koivusilta, L, Lintonen, T., Virtanen, S.M., Rimpela, A. (2005). Use of information and comunication technology and prevalence of overweight and oebsity hmong adolescents. *Int J Obes, 29*(8), 925-933.

Keresztes, N., Piko, B.F., Pluhar, A.F. y Page, R.M. (2008). Influences in sports activity among adolescents. *The Journal of the Royal Society for the Promotion of Health, 128*(1), 21-26.

Kimm, S.Y., Orbazanek, E., Barton, B.A., Aston, C.E., Smilo, S.L., Morrison, J.A. y cols. (1996). Race, Socioeconomic status. *Annaals of Epidemioloty, 6*(4), 266-275.

Klesges, R.C., Coates, T.J., Moldenhauer-Klesges, L.M., Holzer, B., Gustavson, J. y Barnes, J. (1984). The fats: an observational system for assessing physical activity in children and associated parent behavior. *Behavior Assesssment, 6*, 333-345.

LaPorte, R.E., Montoye, H.J. y Caspersen, C.J. (1985). Assessment of physical activity in epidemiologic research: problems and prospects. *Public Health Report, 100*(2), 131-146.

Lasheras, L., Aznar, S., Merino, B. y López, E.G. (2001). Factors associated with physical activity hmong spanish young through the nacional Elath Surrey. *Preventive Medicine, 32*(6), 455-464.

Lawerence, R.M. (1987). Aspectos psicológicos del ejercicio: en A.A. Bove y D.T. Lowenthal (Eds.) *Medicina del ejercicio*. Buenos Aires: El Ateneo.

Le Masurie, G. Y Corbin, C.B. (2006). Top 10 Reasons for Quality Physical Education *Journal of Physical Education, Recreation & Dance, 77*(6), 44-54.

Leenders, N.Y.J.M., Sherman, W.M., Ward, P. (2003). College physical activity courses: Why do students enroll, and what are their health behaviors? *Research Quarterly for Exercise and Sport, 74*(3), 313.

Llopis, D. y Llopis, R. (1999a). Perfil psicológico de la población deportista en la Comunidad Valencia. En G. Nieto y Garcés de los Foyos. *Psicología de la Actividad Física y el Deporte*, I (pp. 417-422). Murcia: Sociedad Murciana de Psicología de la Actividad Física y el Deporte.

Llopis, D. y Llopis, R. (1999b). Motivación y práctica deportiva. En Nieto, G. y Garcés de los Foyos, E.J. (Coords.). *Psicología de la Actividad Física y el Deporte*, I (pp. 127-134). Murcia: Sociedad Murciana de Psicología de la Actividad Física y el Deporte.

Loucaides, C.A., Chedzoy, S.M. y Bennett, N. (2004). Differences in physical activity levels between urban and rural school children in Cyprus. *Health Education Research, 19*(2), 138-147.

Luengo, E., Ordóñez, B., Verruga, C. y Laclaustra, M. (2005). Obesidad, dislipedemia y síndrome metabólico. *Rev. Esp. Cardiol., 5*, 21-29.

Luepker, R.V. (1995). Lessons from the Minnesota Heart Health Program. En L.W.Y. Cheung y J.B. Richmond (Eds.). *Child health, nutrition and physical activity*. Champaing, IL : Human Kinetics.

Madanat, H. y Merrill, R.M. (2006). Motivational factors and stages of change for physical activity among college students in Amman, Jordan. *Promotion & Education, 13*(3), 185-194.

Malina, R.M. (1996). Tracking of physical activity and physical fitness across the lifespan. *Research Quarterly for Exercise and Sport, 67*, 48-57.

Marcus, B.H. y Owen, N. (1992). Motivacional readiness, self-efficacy and decision-making for exercise. *Jorunal of applied Social Psychology, 22*, 3-16.

Márquez, S., Abajo, S. y Rodríguez Ordax, J. (2003). Actividad física y deportiva del alumnado de educación secundaria obligatoria en el municipio de Avilés. *Revista de Educación Física: Renovar la teoría y práctica*, (91), 11-16.

Marshall, S.J., Biddle, S.J., Gorely, T., Cameron, N. y Murdey, I. (2004). Relationships between media use, body fatness and physical activity in children and youth: a meta-analysis. *Int J Obes Relat Metab Disord, 28*(10), 1238-1246.

Martín, M., Tercedor, P., Pérez, I., Chillón, P. y Delgado, M. (2004). Los adolescentes españoles ante la práctica de actividad física y deporte. Estudio Avena. *III Congreso Vasco del Deporte*. Vitoria.

Martínez, J.A. (2000). Body-weight regulation: causes of obesity. *Proc Nit Soc, 59,* 337-345.

Martínez López, E.J. (2005). *Sobrepeso y obesidad infantil. Pautas para la educación nutricional y actividad física en el tratamiento educativo.* Respuestas a la demanda social de actividad física (pp. 257-269). Madrid: Editorial Gymnos.

Martínez López, E.J., Cachón, J. y Moral, J.E. (2009). Influences of the school and family context in the adolescent's physical activity. Special attention to the obese. *Journal of Sport and Health Research, 1,* 26-45.

Martínez López, E.J., Moral, J.E., Lara, A.J. y Cachón, J. (2009). The physical aptitude tests as the core of the physical condition assessment. Comparative analysis of the students' and teachers' opinion in secondary education. *Int J Med Sci Phys Educ Sport, 5*(1):25-48.

Martínez López, E.J., Zagalaz, M.L., y Linares, D. (2003). Las pruebas de aptitud física en la evaluación de la educación física de la ESO. *Apunts. Educación Física y Deportes, 71,* 61-77.

Masachs, M., Puente, M. y Blasco, T. (1994). Evolución de los motivos para participar en programas de ejercicio físico. *Revista de Psicología del Deporte, 5,* 71-80.

Masnou, M. (1986). Com viuen l'esport els joves, a la ciutat de Barcelona. *Apunts. Educació Física i Esports,* (3), 19-29.

Mason, V. (1995). *Young people and sport in England, 1994: the views of teacher and children-a national survey by Sport Council and OPCS.* London: Sport Council.

Matos, M.G. (2004). *Cominicacao, gestao de conflictos e saúde na escola.* Cruez Quebrada: Facultad de Motricidad Humana. FMH.

McKenzie, T.L., Sallis, J.F., Nader, P.R., Patterson, T.L., Elder, J.P., Berry, C.C., Rupp, J.W., Atkins, C.J., Buono, M.J. y Nelson, J.A. (1991). Beaches: an observational system for assessing children's etatin and physical activity behaviors and assoiated events. *Jorunal of Applied Behavior Analysis, 24,* 141-151.

McNamee, J., Bruecker, S., Murray, T. y Speich, C. (2007). High-Activity Skills Progression: A Method for Increasing MVPA. *Journal of Physical Education, Recreation & Dance, 78*(7), 17-23.

MecPerson, B., Curtis, J. y Loy, J. (1989). *The social significance of sport.* Champaign IL: Human Kinetics Books.

Mendoza, R. (1995). Situación actual y tendencias en los estilos de vida del alumnado. *Primeras Jornadas de la Red Europea de escuelas promotoras de la salud en España.* Granada.

Mendoza, R. (2000). Diferencias de género en los estilos de vida de los adolescentes españoles: implicaciones para la promoción de la salud y para el fomento de la actividad físico-deportiva. En Fete-UGT (Ed.) Educación Física y Salud. *Actas del Segundo Congreso Internacional de Educación Física (pp. 765-790).* Cádiz. Publicaciones del Sur.

Mendoza, E., Batista, J.M., Ságrera, M.R. (1994). *Conductas de los escolares españoles relacionadas con la salud (1986-1990).* Madrid: C.S.I.C., D.L.

Miquel Salgado-Araujo, J.L. (1998). Revisión de la literatura actual sobre la continuidad del cambio de conducta en relación a la actividad física. *Apunts: Educación Física y Deportes, 54,* 66-77.

Montero, I. y León, O.G. (2007) A guide For naming research studies in Psychology. *International Journal of Clinical and Health Psychology, 7*(3), 847-862.

Montil, M. (2004). *Determinantes de la conducta de actividad física en poblacion infantil.* Tesis doctoral. Madrid: Tecnología de los alimentos: E.T.S. de Ingenieros Agrónomos, Universidad Politécnica de Madrid.

Moreno, J.A., Cervelló, E. y Martínez, A. (2007). Validación de la escala de medida de motivos para la actividad física-revisada en españoles: diferencias por motivos de participación. *Anales de psicología, 23*(1), 167-176.

Moreno, M.C., Muñoz, M.V., Pérez, P.J. y Sánchezn Quejia, I., Granado, Mª.C., Ramos, P. y Rivera, F. (2008). *Los adolescentes españoles y su salud. Un análisis en chicos y chicas de 11 a 17 años.* Universidad de Sevilla. Ministerio de Sanidad y Consumo.

Moreno, C., Rivera, F., Ramos, P., Jiménez, A., Muñoz, V., Sánchez, I. y Granado, Mª.C. (2008). *Estudio Health Behaviour in School Aged Childrenn (HBSC: Análisis comparativo de los resultados obtenidos en 2002 y 2006.* Universidad de Sevilla.

Morgan, P.J. y Hansen, V. (2008). Classroom Teachers' Perceptions of the Impact of Barriers to Teaching Physical Education on the Quality of Physical Education Programs. *Research Quarterly for Exercise and Sport, 79*(4), 506-517.

Morey, S.S. (1999). ACSM revises guidelines for exercise to maintain fitness. *American Family Physician, 59*(2), 473.

Mota, J. y Queiros, P. (1996). Children's behaviour, physical activity regarding parents' perception vs. Children's activity. Les comportements enfantins: L' activite physique des enfants percue par les parents. *International Review for the Sociology of Sport, 3*(2), 173-183.

Mota, J. y Sallis, J.F. (2002). Actividade fisica e saúde. Actividade Física e Saúde Factores de Influencia da Actividade Física nas Criancas nos Adolescents. Porto: Cambo das Letras.

Mota, J., Santos, P., Guerra, S., Ribeiro, J.C., Duarte, J.A. (2003). Patterns of daily physical activity school days in choldren and adolescents. *American Journal of Human Biology, 15*, 547-553.

Mulvihill, C., Németh, A. y Vereecken, C. (2004). Body image, weight control and body weight. *Word Health Organization, 4*, 120-129.

Misitu, G. Y Allatt, P. (1994). *Psicosociología de la familia*. Barcelona: Editorial Albatros.

Mutrie, N. y Biddle, S. J. H. (1995). The effects of exercise on mental health in nonclinical populations. In S. J. H. Biddle (Ed.). *European perspectives on exercise and sport psychology (pp. 50-70)*. Champaign, IL: Human Kinetics Publishers.

National Association for Sport and Physical Education (NASPE). (2005). Is it physical education or physical activity? *NASPE position statement. Strategies, 19*(2), 33-34.

Neumark-Sztainer, D.R., Story, M., Hannan, P.J., Tharp, R. y Rex, J. (2003). Cators associated with changes in physical activity: A cohort study of inactive adolescent girls. *Archives of Pediatrics & Adolescents Medicine, 157*(8), 803-810.

Nicholls, J.G. (1984). Achivment motivation: Conceptions of ability, subjetive experience, task choice and preference. *Journal or Sport Psychology, 3*, 206-216.

Nordin, N.A.M.M., Shamsuddin, K., Jamilah, J. y Noor Hanizah, Z. (2002). Work and home physical activity of women workers in a selected electronics factory in The Klang Valley. *Malaysian Journal of Public Health Medicine, 2*(Suppl. 1), 44.

O'Dea, J.A. (2003). Why do kids eat healthful food? Perceived benefits of and barriers to healthful eating and physical activity among children and adolescents. *American Dietetic Association. Journal of the American Dietetic Association, 103*(4), 497.

Ornelas, I.J., Parreira, K.M. y Ayala, G.X. (2007). Parantal influences on adolescent physical activity: A longitudinal study. *The International Journal of Behavioral Nutrition and Physical Activity, 4*, 3.

Owen, N. y Bauman, A. (1992). The descriptive epidemiology of physical inactivity in adult Australians. *International Journal of Epidemiology, 21*, 305-310.

Paffenbarger, R.S. Wing, A.I. y Hyde, R.T. (1978). Physical activivy and index of heart attack risk in college alumni. *American Journal of Epidemiology, 108*(3), 161-175.

Pastor, Y., Balaguer, I. y García-Merita, M. (1999a). *Estilo de vida y salud.* Valencia: Albatros Educación.

Pastor, Y. y Pons, D. (2003). Actividad física y salud. En A. Hernández (Coord.). *Psicología del deporte (Vol. I)- Fundamentos 2* (pp. 168-189). Buenos Aires: Edeportes.

Pate, R.R., Freedson, P.S., Sallis, J.F., Taylor, W.C., Sirard, J., Trost, S.G. y cols. (2002). Complicance with physical activity guidelines: Prevalence in a population of children and youth. *Annals of Epidemiology, 12*(5), 303-308.

Pate, R.R., Long, B.J. y Health, G. (1994). Descriptive epidemiology of physical activity in adolescents. *Pediatric Exercise Science, 6*(4), 434-447.

Pate, R.R., Pratt, M., Blair, S.N., Haskell, W.L., Macera, C.A., Bouchard, C., Buchner, D., Ettinger, W., Heath, G.W., King, A.C. y cols. (1995). Physical activity and public health. A recomenation from de Centres for Disease Control and Prevention and the American College of Sport Medicine. *JAMA, 27*(5), 402-407.

Pate, R. R., Ward, D. S., Saunders, R. P., Felton, C., Dishman, R. K. y Dowda, M. (2005). Promotion of physical activity among high-school girls: A randomized controlled trial. *American Journal of Public Health, 95*(9), 1582-1587.

Patten, S., Vollman, A. y Thurston, W. (2000). The utility of the tranastheoretical model of behavior change for HIV risk reduction in injection drug users. *The Journal of the Association of Nurses in AIDS Care: JANAC, 11*(1), 57-66.

Pavón, A.I. (2001b). Intereses y actitudes hacia la practica físico-deportiva en la etapa universitaria. Tesina de suficiencia investigadora. Murcia: Universidad de Murcia.

Peiró, J.M., Ramos, J. y Martínez-Tur, V. (1995). Aspectos psicosociales de la práctica deportiva y del uso de instalaciones deportivas: diferenciación por sexo, edad y tamaño de la población. *Ciencia Psicológica*, 2º semestre.

Pérez Samaniego, V.M. (1999). El cambio de las actitudes hacia la actividad física relacionada con la salud: una investigación con estudiantes de Magisterio especialistas en Educación Física. Tesis Doctoral. Universidad de Valencia.

Piéron, M., Telama, R., Almond, L. y Carreiro da Costa, F. (1999). Estilo de vida de jóvenes europeos: un estudio comparativo. *Revista de Educación Física, 76*, 5-13.

Ponseti, F., Gili, M., Palou, P. y Borras, P. (1998). Intereses, motivos y actitudes hacia el deporte en adolescentes: diferencias en función del nivel de práctica. *Revista de Psicología del Deporte, 7*(2), 259-274.

Popkin, B.M. y Doak, C.M. (1998). The obesity epidemic in a worldwide phenomenon. *Nutrition Reviews, 56*, 106-114.

Poweer, T.G. y Woolger, C. (1993). Parent and sport socilization: View from the archivement literature. *Journal of Sport Behaviour, 16*(3), 171-189.

Prochaska, J.J., Sallis, J.F. y Long, B. (2001). A physical activity screening measure for use with adolescents in primare care. *Archives of Pediatrics and Adolescents Medicine, 155*, 554-559.

Prochaska, J.O. y DiClemente, C.C y Norcross, J.C. (1992). En search of how people change. Applications to addictive behaviors. *The American Phychologist, 47*(9), 1102-1114.

Prochaska, J.O. y Marcus, B.H. (1994). The transtheoretical model: Applcations to exercise. En R.K. Dishman (Ed.). *Advances in Exercise Adherence*, (pp.161-180). Champaing, III. : Human Kinetic Publishers.

Prochaska, J.O. y Velicer, W.F. (1997). The transtheoretical model of health behariors change. *American Journal of Health Promotion: AJHP, 12*(1), 38-48.

Ramos, M.M., Moreno, M.M., Valdés, B. y Catena, A. (2008). Criteria of the peer review for publication of experimental and quasi-experimental research in Psychology: A guide for creating research papers. *International Journal of Clinical and Health Psychology, 8*(3), 751-764.

Raudsepp, L. (2006). The relationship between socio-economic status, parental support and adolescent physical activity. *Acta Paediatrica (Oslo, Norway: 1992), 95*(1), 93-98.

Reyes, S. y Garcés de los Fayos, E. (1999). ¿Por qué las personas hacen deporte? Un análisis descriptivo en una población de estudiantes universitarios. En Nieto, G. y Garcés de los Fayos, E. (coords.). *Psicología de la Actividad Física y el Deporte*, Tomo I (pp.121-126). Murcia: Sociedad Murciana de Psicología de la Actividad Física y el Deporte.

Reynolds, H.D., Killen, J.D., Bryson, S.W., Maron, D.J., Taylor, C.B., Maccoby, N. y Farquhar, J.W. (1990). Psicosocial predictors of physical activity in adolescents. *Preventive Medicine, 19*, 541-551.

Riddoch, C.J., Andersen, L., Weddeerkopp, N., Harro, M., Klasson-Heggebo, L., Sardinha, L.B., Cooper, A.R. y Ekelund, U. (2004). Physical activity levels and patterns of 9 and 15 years old European children. *Medicine and Science in Sport and Execise, 36*(1), 86-92.

Robbins, L.B., Wu, T., Sikorskii, A. y Morley, B. (2008). Psychometric Assessment of the Adolescent Physical Activity Perceived Benefits and Barriers Scales. *Journal of Nursing Measurement, 16*(2), 98-113.

Román, B., Serra, L., Ribas, L., Pérez-Rodrigo, C. y Aranceta, J. (2006). Actividad física en la población infantil y juvenil española en el tiempo libre. Estudio enkid (1998-2000). *Apunts: Medicina de L`Esport, 151*, 86-94.

Román, B., Serra, L., Ribas, L., Pérez, C. y Aranceta, J. (2008). How many children and adolescents in Spain comply with the recommendations on physical activity? *Journal of Sports Medicine and Physical Fitness, 48*(3), 380-388.

Rossow, I. y Rise, J. (1994). Concordance of parental and adolescent health behaiors. *Social Science and Medicine, 38*, 1299-1305.

Ruiz, F. (2000). Análisis diferencial de los comportamientos, motivaciones y demanda de actividades físico-deportivas del alumnado almeriense de enseñanza secundaria post-obligatoria y de la universidad de Almería. Tesis Doctoral. Facultad de la Actividad Física y del Deporte. Granada: Universidad de Granada.

Sallis, J.F. (1995). A behavioural perspective on children´s physical activity. En L.W.Y. Cheung y J.B. richmond (Eds.) *Child health, nutrition and physical activity*. Champaign, IL : Human Kinetics.

Sallis, J.F. (2000). Age-related decline in physical activity: a sintesis of human and animal studies. *Medicine and Science in Sport and Exercise, 32*, 9, 1598-1600.

Sallis, J.F., Hovell, M.F. y Hofstetter, C.R. (1992). Predictors of adoption and maintenance of vogorous physical activity in men and women. *Preventive Medicine, 21*(2), 237-251.

Sallis, J.F. y Owen, N. (1999). *Physical activity & behavioral medicine*. USA: Sage Publications.

Sallis, J.F. y Patrick, K. (1994). Physical activity guidelines for adolescents: Consensus statement. *Pedriatric Exercise Science, 6*(4), 302-314.

Sallis, J.F., Prochaska, J.J. y Taylor, W.C. (2000). A review of correlates of physical activity of children and adolescent. *Medicine and Science in Sport and Exercise, 32*(5), 963-975.

Scanlan, T.K. y simons, J. (1992). The contrusct of sport enjoyment. In G.C. Roberts (Ed.). *Motivation in sport and exercise* (pp. 199-215). Champaing, I.L.: Human Kinetics.

Seefealdt, V. y Vogel, P. (1989). Physical fitness testing of children: a 30 years history of misguides efforts? *Pedriatric Exercise Science, 1*, 295-302.

Serra Puyal, J.R. (2008). Factores que influencian la practica de la actividad física en la población adolescente de la provincia de Huesca. Tesis Doctoral no publicada. Huesca: Universidad de Zaragoza.

Shephard, R.J. (2005). The obesity epidemic: a challenge to pediatric work physiologists. *Pediatric Exercise Science, 17*(1), 3-17.

Sherwood, N.E. y Jeffery, R.W. (2000). The behavioral determinants of exercise: implications for physical activity interventions. *Annual Review of Nutrition, 20*, 21-44.

Smith, R.A. y Biddle, S. (1999). Attitudes and exercise adherence: Test of the theories of reasoned action and planned behaviors. *Journal of Sport Sciences, 17*(4), 269-281.

Sthephens, T.Y Craig, C.L. (1990). *The well-being of Canadians : Highlights of the 1988 Campbellís survey*. Ottawa: Canadian Fitness and Liestyle Research Institute.

Strong, W.B., Malina, R.M., Blimkie, C.J.R., Daniels, S.R., Dishaman, R.K., Gutin, B., Hergenroeder, A.C., Must, A., Nixon, P.A., Pivarnik, J.M., Rowland, T., Trost, S. y Trudeau, F. (2005). Evidence based physical for school-age youth. *J Pediatric, 146,* 732-737.

Svoboda, B. (1994). Sport and Physical Activity as a Socialisation Environment: Scientific Review Part 1. Strasbourg, France: Council of Europe.

Tabernero, B. (1998). Motivos para practicar tenis en la inciación deportiva. En A.García, F. Ruiz y A.J. Casimiro (Coords.). *Actas del II Congreso Internacional sobre la enseñanza de la Educación Física y el Deporte Escolar* (pp. 402-406). Málaga: Instituto Andaluz del Deporte.

Tappe, M.K., Duda, J.L. y Ehrnwaald, P.M. (1989). Percived barriers to exercise among adolescents. *The Journal of School Health, 59*(4), 153-155.

Taylor, W.C., Baranoswski, T. Y Sallis, J.F. (1994). Family determinants of childhood physical activity: A social-cognitive model. En R.K. Dishman (Ed.), *Advanced in exercise adherence* (pp. 319-342). Champaign II: Human Kinetics Publishers.

Taylor, W.C., Blair, S.N., Cummings, S.S., Wun, C.C. y Malina, R.M. (1999). Childhood and adolescent physical activity patterns and adult physical activity. *Medicine and Science in Sport and Exercise, 31*(1), 118-123.

Taylor, W.C., Blair, S.N., Snider, S.A. y Wun, C.C. (1993). The influence of physical activity in children and adolescence on adults exercise habits. *Pediatric Exercise Science, 5,* 198-199.

Telama, R., Leskinen, E. y Yamg, X. (1996). Stability of habitual physical activity and sport participation: A longitudinal Trucking study. *Scandinavian Journal of Medicine & Science in Sport, 6*(6), 371-378.

Telama, R. y Yang, X. (2000). Decline of physical activity Routh to young adulthood in Finland. *Medicine and Science in Sport and Exercise, 32*(9), 1617-1622.

Tercedor, P. y Delgado, M. (1998). El sedentarismo en los escolares: Estudio en población de 5° curso de Educacion Primaria. *Actas del Segundo Congreso Internacional: La Enseñanza de la Educación Física y el Deporte Escolar.* Almería.

Tergerson, J.L. y King, K.A. (2002). Do perceived cues, benefits, and barriers to physical activity differ between male and female adolescents? *Journal of School Health, 72*(9), 374-380.

Tercedor, P., Chillón, P., Delgado, M., Pérez, I. y Martín, M. (2005). El género como factor de variabilidad en las actitudes hacia la práctica de actividad fisico-deportiva. Trabajo realizdo en la ciuedad de Granada (España). Estudio AVENA. *Apunts: Educación Física y Deportes,* (82), 19-25.

Torre, E. (1998). La actividad físico-deportiva extraescolar y su interrelación con el área de Educación Física en el alumnado de enseñanzas medias. Tesis Doctoral. Granada: Universidad de Granada.

Torsheim, T., Välimaa, R. y Danielson, M. (2004). Health and well-being. *Word Health Organization, 4*, 55-62.

Trost, S.G., Pate, R.R., Sallis, J.F., Freedson, P.S., Taylor, W.C., Dowda, M. y cols. (2002). Age and gender differences in objectively measured physical activity in youth. *Medicine & Science in Sports & Exercise, 34*(2), 350-355.

Tudor-Locke, C., Bell, R.C., Myers, A.M., Harris, S.B., Ecclestone, N.A., Lauzon, N. y Rodger, N.W. (2004). Controlled autcome evaluation of the First Step Program: A dialy physical activity intervention for individuals with type II diabetes. *Int J Obes Relat Metab Disord, 28*(1), 113-9.

US Department of Health and Human Services. (1996). *Physical Activity and Health: A Report or the Surgeon General.* Atlanta, GA: U.S. Department of Health Humana Services, Centers for Disease Control and Prevention, National Center for Chronic Disease Prevention and Health Promotion.

Valois, R.F., Umstattd, M.R., Zullig, K.J. y Paxton, R.J. (2008). Physical Activity Behaviors and Emotional Self-Efficacy: Is There a Relationship for Adolescents? *The Journal of School Health,78*(6), 321-328.

Van der Horst, K., Paw, M.J., Twisk, J.W. y Van Mechelen, W. (2007). A brief review on correlatos of physical activity and sedentariness in Routh. *Medicine and Science in Sports and Exercise, 39*(8), 1241-1250.

Van Mechelen, W., Twisk, J.W.R., Post, G.B., Snel, J. y Kemper, H.C.G. (2000). Physical activity of young people: The amsterdam Longitudinal Growth and Health Study. *Medicine and Science in Sport and Exercise, 32*(9), 1610-1616.

Van Praagh, E. (2002). Deporte y sedentarismo adulto. En M.J. Manidi y I. Dafflon-Arvanitou (Coord.). Actividad Física y Salud. Aportaciones de las ciencias humanas y sociales. Educación para la salud a traves de la actividad física (pp. 112-113). Barcelona: Masson.

Vanreusel, B., Renson, R., Beuneri, G., Claessens, A.L., Lefevre, J., Lysens, R. y Eynde, B.A. (1997). A longitudinal study of youth sport participation and adherence to sport in adulthood. *International Review for the Sociology of Sport, 32*(4), 373-387.

Varo, J.J., Martínez-González, M.A., De Irala, J., Kearny, J., Gibney, M. y Martínez, J.A. (2003). Distribution and determinants of sedentary lifestyles in the European Union. *Int J Epidemiol*, (32), 138-146.

Vázquez, B. (1993). *Actitudes y prácticas deportivas de las mujeres españolas*. Madrid: Ministerio de Asuntos Sociales.

Weinsberg, R. y Gould, D. (1996). *Fundamentos de psicología del deporte y el ejercicio físico*. Barcelona: Ariel Psicología.

Weinsberg, R. y Gould, D. (1999). *Fuondations of Sport and Exercise Psychology*. Champaign, IL: Human Kinetics.

Welk, J.G. (2002). *Physical activity assessments for health-related research*. Iowa Satate University. Champaign, IL: Human Kinetics, Inc.

Willis, J.D. y Campbell, L.F. (1992). *Exercise Phychology*. Champaign, Illinois: Humana Kinetics.

World Health Organization. (2003). Information sheets: Physucal activity. World Health Organization. (Recuperado el 3 de febrero de 2005). http://www.who.int/dietphysicalactivity/media/en/gsfs_pa.pdf.

Wyse, J., Mercer, T., Ashford, B., Buxton, K. y Gleeson, N. (1995). Evidence for the validity and utility of stages of exercise behavior change scale in young adults. *Health Education Research, 10*(3), 365-377.

Zagalaz, M.L. (2005). Discriminación de la mujer en el deporte. En M.L. Zagalaz, E.J. Martínez y P.A. Latorre (Coords.), *Respuestas a la demanda social de actividad física*. (pp. 189-204). Madrid: Editorial Gymnos.

Zagalaz, M.L., Martínez, E.J. y Latorre, P.A. (2005). *Respuestas a la demanda social de actividad física*. Madrid: Editorial Gymnos.

Zakarian, J.M., Hovell, M.F., Hofhstetter, C.R., Sallis, J.F. y Keating, K.J. (1994). Correlatos of vigorous exercise in a predominantly low SES and minority high school population. *Preventive Medicine, 23*, 314-321.

Zunft, H.J., Friebe, D., Seppelt, B., Widhalm, K., Remaut de Winter, A.M., Vaz de Almeida, M.D. y cols. (1999). Perceived benefits and barriers to physical activity in a nationally representative sample in the European Union. Public Health Nutrition, 2, 153-160.

www.ingramcontent.com/pod-product-compliance
Lightning Source LLC
Chambersburg PA
CBHW060819190426
43197CB00038B/2161